广陵散

杨大远◎著

中国社会出版社
国家一级出版社★全国百佳图书出版单位

图书在版编目（CIP）数据

广陵散／杨大远著．—北京：中国社会出版社，2012.4
ISBN 978－7－5087－3969－4

Ⅰ.①广…　Ⅱ.①杨…　Ⅲ.①中国历史—通俗读物
Ⅳ.①K109

中国版本图书馆 CIP 数据核字（2012）第 049332 号

书　　名：广陵散
著　　者：杨大远
责任编辑：薛丽仙

出版发行：中国社会出版社　邮政编码：100032
通联方法：北京市西城区二龙路甲 33 号新龙大厦
电　话：（010）66065618　（010）66082098
（010）66085300　（010）66063678
邮购部：（010）66060275　电传：（010）66051713
网　　址：www.shcbs.com.cn
经　　销：各地新华书店

印刷装订：中国电影出版社印刷厂
开　　本：165mm×235mm　1/16
印　　张：13.5
字　　数：140 千字
版　　次：2012 年 4 月第 1 版
印　　次：2012 年 4 月第 1 次印刷
定　　价：29.00 元

广陵散

【目录】

【第三部分】古墓倩影

【第四部分】才子佳人

第一部分
帝王将相

坑爹不是两三天

欺骗老子用时下的流行语来说就是“坑爹”，坑爹的历史悠久，有近四千年的历史了。

从历史记载来看，禹是坑爹的先驱。

禹的爹叫鲧，多年来一直坚持用堵的方法治水，结果黄河越治越泛滥。舜老爷子一怒之下斩了鲧。禹便接了鲧的班，用导的办法，把黄河治理好了。

禹既然知道用疏导的办法可以治水，那么，作为儿子的禹，为什么不建议他爹用疏导的办法来治水呢？显然，禹坑了他爹。

禹之后，坑爹最厉害的就是秦始皇。

吕不韦把怀孕的爱妾赵姬嫁给时在赵国做人质、后为秦庄襄王的子楚为妻，赵姬生下了嬴政，后来成为太子。继位之后的嬴政，反把吕不韦坑了。因嫪毐与赵太后私通淫乱的事件，罢免了吕不韦相国之位。吕不韦离开咸阳，避居河南封地。没过多久，嬴政写信质问吕不韦说：“君何功于秦？秦封君河南，食十万户。君何亲于秦，号称仲父？其与家属徙处蜀！”吕不韦担心被跨省诛杀在路上，便在家喝毒药死了。

嬴政坑爹还算是比较直接的，后人觉着他坑爹的水平太低了，于是改进了坑爹的办法，坑爹也就越来越文明了。

东汉有个叫赵宣的人，他爹去世了。按照儒家的传统，父母之丧，守孝三年，原则上不能有性生活，尤其不能生孩子；且汉朝素来以孝治天下，奖励有孝行的人。于是赵宣便装模作样地守起孝来。守了三年还不过瘾，干脆搬到墓道里住，一住就是20年，因此而天下闻名，人们都赞他是个大孝子，朝廷授予他“孝廉”的荣誉称号，树立他为孝行的模范。当时青州新任刺史陈蕃慕名而来，却发现他有5个不到20岁的儿女。陈蕃大怒说：你在墓道里都干了些什么？

其实，赵宣什么也没干，只是在地下室里和妻妾生了五个儿女。就是杨过和小龙女这样的大侠，在古墓里也不敢这样超生啊。幸好汉朝不搞计划生育，否则他要被罚死。结果，地方官举报他坑爹，朝廷“双规”了他，开除了孝廉籍，取消了各种荣誉头衔。

文明坑爹的典型代表是隋炀帝杨广。此人很有本事，南征北战，为统一全国立下了赫赫战功，但有点坑爹。

杨广在他爹隋文帝面前表现得很孝顺、很听话，背后只要他爹不在，就跑到后宫和妃子们鬼混，专给他爹戴绿帽子，他爹还夸他有才。在他的花言巧语的掩饰之下，他爹逐渐冷落了德才兼备的长子杨勇，改立他为太子。他爹刚咽气不久，他只差没说这老头子死得正好，他想到第一件最爽的事儿，便是猴急地狂奔到后宫找他垂涎已久的他爹的宠妃宣华夫人（陈宣帝之女，“性聪慧，姿貌无双”）共度春宵。他派人送了一个盒子给陈宣华，里面“有同心结数枚”，“其夜，太子烝焉”。这“烝”不是蒸馒头，是娶庶母的意思。起初杨广还让陈宣华住在仙都宫，后来直接召入后宫同居。不到一年，陈宣华就死了，年仅29岁。

坑爹发展到唐朝开元天宝年间，开始坑干爹。“回眸一笑百媚生，六宫粉黛无颜色”的杨贵妃是安禄山的干娘，因此，唐玄宗李隆基便是安禄山名义上的干爹。这个三百五十多斤的死胖子骑马能把马累死，他骑马入朝，驿站不得不每隔不远设一个换马台。

安禄山虽然胖，但跳起舞来，他那肥胖的身体旋转自如，像风一样快。安禄山跳舞的样子，逗得唐玄宗很开心。

玄宗看着安禄山的大肚子笑问："肚子里装的是什么？"

安禄山回答说："装的是对陛下的一片忠心！"

这话把唐玄宗坑得很高兴，岂知一场"安史之乱"，心爱的杨贵妃上吊升天，自己也被升级为太上皇。

宋朝强调伦理道德，坑爹的事情相对少一点，倒有一件骇人听闻的"坑哥"事情。

宋太祖本想让四皇子秦王赵德芳继承皇位，哪知太祖的老弟晋王赵光义不答应，想自己当皇帝。灯影晃动，兄弟俩几乎厮打起来。两人争论到三更的时候，外面下起了鹅毛大雪，宋太祖便送老弟到殿外，把宝剑插入雪中说：老弟啊，你好自为知，要听哥的话。之后，宋太祖回寝宫睡了。赵光义便潜入寝宫，那时宋太祖已熟睡。赵光义恶从胆边生，管他坑哥坑爹的，举起饥渴难耐的大斧就砍下。结果砍得很准，一点也不出意外，宋太祖被砍死了。天一亮，赵光义宣布他哥"驾崩"了，皇位由他继承。这就是历史上著名的坑哥事件——"烛影斧声"。

元明清就不说了，离现在太近了。

这么看来，坑爹不是两三天，而是三四千年了。

刘贺：当皇帝27天，干了1127件坏事

刘贺是汉武帝刘彻的孙子，袭封昌邑王，是“王二代”，整天斗鸡戏狗玩小妞，典型的纨绔子弟。

虽然这孙子不靠谱儿，运气却好得出奇，皇帝这个高难度的工作竟让他做。当了皇帝倒也罢，只是在位27天，竟然干出了1127件坏事，平均每天41件。

公元前74年6月5日，英明贤德的汉昭帝刘弗陵逝世，却没有儿子可以继承皇位。

汉昭帝是汉武帝的小儿子，8岁即位，12岁娶了6岁的上官小妹妹为皇后，21岁病故，连一个儿子也没有。

15岁就成了皇太后的上官皇后和她的外公、大将军霍光很无奈，想来想去，想到了昌邑王刘贺。那时候没有网络，无法视频考察一下刘贺。但国不可一日无君，于是派遣三位使者火速赶往昌邑，迎接刘贺来长安继位。

使者赶到昌邑时，已经半夜，三人便从床上把昌邑王拉了起来，宣旨道：“天子驾崩，奉皇太后、大将军旨意，请昌邑王速回长安继皇帝位！”

刘贺虽是18岁的纨绔子弟，即兴表演的功夫却很强，接着便掉出几滴眼泪说：“天子圣明，英年早逝，皇天护佑我大汉！”

使者十分着急，哪里还有心情看他表演，便说："请王速行！"

按说，人家来请当皇帝，欣喜若狂还来不及，可刘贺非常"淡定"，慢悠悠地说："本王收拾一下再走，你们在外头等着！"

磨蹭了大半天的刘贺，直到第二天中午才起程。一起程便发飙，3 个小时狂奔 100 多里，奔到河南兰考时，马都跑趴下了，刘贺才停止狂奔。

接着便是吃饭。按规定，天子驾崩，只能吃素，不能吃肉。

刘贺是吃肉吃习惯了的，一天不吃肉，心里痒得慌，便跟随从说："给本王整点肉吃！"

使者听了，严正地指出："天子之丧，只能素食。肉食非礼！"

因此，随从们也不敢公开去给他找肉吃，只得偷偷跑到街上买了烤鸡让刘贺大嚼。

刘贺大过肉瘾，吃得油嘴滑舌。

随从们打听到当地有一种土特产——长鸣鸡，叫声很响亮。刘贺很喜欢，便要了几只当"随身听"用。

马队到了河南灵宝，刘贺实在忍不住了，忙派手下在当地搜罗了一车美女随行。

不久，到达帝都长安。

在未央宫的昭帝灵前，当着貌美如花的上官皇太后、威名显赫的大将军霍光及皇室宗族、内外大臣的面，他的表演天赋发挥到极致，他大哭先帝，泪流满面，"父皇父皇"地叫得上官太后好伤心。

大家都暗暗称赞："这真是一个孝顺贤德的太子啊！"

众人哪里知道刘贺是个"坑爹"的家伙，更何况汉昭帝并不是他爹。

因此，刘贺对于棺材里躺着的那个从未见过面的人，又有多深的感情可言呢！他的飙泪，只不过是飙给皇太后、大将军众人看而已。

霍光便在大臣面前正式宣布刘贺为皇太子，待黄道吉日登基。

当了皇太子的刘贺，照样把不光彩的事干得有声有色，常常私自出宫去买鸡腿猪蹄吃；看到漂亮的宫女，口水就流三尺。

7 月 18 日，刘贺继皇帝位，君临天下，威风不已。

按说，当了皇帝，也该改头换面，干点正事，哪知刘贺比从前更离谱。

他把从昌邑带来的 200 多个无赖都封了官，让他们穿上刺史的衣服，在未央宫内通宵玩游戏。

大行皇帝的梓宫安静地摆在前殿，他竟在后殿大宴歌舞。他把乐府的乐器都搬出来，让昌邑来的音乐人击鼓吹歌；又召皇家音乐人演奏各种音乐；又骑着皇帝专用的宝马到桂宫打野猪、斗老虎。凡是参与宫中游戏的人，都获得赏赐，“发御府金钱、刀剑、玉器、采缯赏赐所与游戏者”。

游戏玩够了，便玩美女。他派中御府令高昌带着 1000 斤黄金到外面去买 10 个美女；每当夜幕降临时，尚在守孝的他，从未央宫遥望太后所住的宫殿，心中有一股强烈的冲动；后来他竟胆大到“召皇太后御小马车，使官奴骑乘，游戏掖庭中，与孝昭皇帝宫人蒙等淫乱”。

与汉昭帝的众妃子淫乱的同时，刘贺的保密工作做得很好，下诏给掖庭太监头子说：“敢泄言，要斩！”

总之，刘贺“受玺以来二十七日，使者旁午持节，诏诸官署征发，凡一千一百二十七事。荒淫迷惑，失帝王礼仪，乱汉制度”，短短 27 天的皇帝生涯内，竟干出 1127 件坏事。

汉朝以黄老清静之术、与民休养生息为主，辅以儒术，杂以霸王道。说通俗点，就是不折腾。刘贺这么天天折腾，完全是不懂事的纨绔作风。

有大臣便讽刺霍光说：“看啊，大将军，您迎立的好皇帝啊！”

霍光脸上无光，很没面子，觉得自己犯了一个十分严重的低级错误，便与车骑将军张安世、大司农田延年密议搞掉刘贺，最后终于作出了一个艰难的决定，建议皇太后废了刘贺。

鉴于刘贺坏到透顶，上官太后十分赞同废了他。但是，还得找个写奏折揭发刘贺罪状的人。

找谁呢？

霍光想到了丞相杨敞，便派田延年去通知杨敞。

虽然没有什么潜规则，但是杨敞还是很害怕，担心留下废帝的恶名。好在杨敞有个贤内助，此女不是别人，正是大名鼎鼎的历史学家司马迁的女儿，颇颇能干果断。还没等杨敞出声，她就掷地有声地说："国家大事岂能犹豫不决，请大人告诉大将军，我家老爷听从大将军号令！"

于是，刘贺的末日到了。

8月14日，豆蔻年华的上官太后穿着漂亮的珠襦，盛装丽服坐在武帐中，后面站着100多名手持兵器的御林军侍卫。

盔甲鲜明的期门军武士持着长戟从殿陛一直排到殿下，文武大臣们依次上殿。

刘贺见这阵势，还没反应过来，以为皇太后要举行大臣招待会。

尚书令拉长调宣道："召昌邑王伏前听诏！"

刘贺没有意识到他的称呼已悄悄发生变化，便跪下说："儿皇拜见母皇太后！"

18岁的皇帝拜见15岁的母后，历史上罕见的奇观。

上官太后便令刘贺入座。

尚书令朗声宣读杨敞的奏折道："丞相臣敞等昧死言皇太后陛下：孝昭皇帝早弃天下，遣使征昌邑王典丧，服斩衰，无悲哀之心；废礼仪，居道上不素食，使从官略女子载衣车，内所居传舍。

始至谒见，立为皇太子，常私买鸡豚以食。……召皇太后御小马车，使官奴骑乘，游戏掖庭中，与孝昭皇帝宫人蒙等淫乱！”

念到“淫乱”时，上官太后说：“止！为人臣子，当悖乱如是邪！?”

刘贺吓得离席，伏地而跪。

尚书令接着念道：“……陛下不可以承天序，奉祖宗庙，子万姓，当废！臣请有司以一太牢（即一头牛、一头羊、一头猪的祭品），具告祠高庙（指汉高祖刘邦）。”

上官太后说：“可！”

只一个字，一秒前还是皇帝的刘贺就提前“下课”了。

霍光就让刘贺起来接诏。

刘贺辩解说：“闻天子有争臣七人，虽亡道不失天下！”（听说天子有七个诤臣，即使无道，也可以不失去天下。）

这话等于是说霍光等大臣不是诤臣，没有真心规劝他好好当皇帝，所以才使他失去天下，暗讽霍光一手遮天，擅自废立。

霍光没有直接回答刘贺的话，只借口说：“皇太后诏废，安得称天子！”说着，霍光解脱刘贺手上的皇帝玉玺，交给太后。

接着，霍光扶着刘贺下殿，群臣相随，送出金马门。

霍光可能觉得不好意思，刘贺虽是混蛋，但“成也霍光，败也霍光”，便亲自护送刘贺到昌邑，继续当昌邑王。而刘贺带去长安的200多人，除了3个正直的，其他的都被斩杀。

霍光立了他小姨妈卫子夫和武帝生的太子刘据之孙的刘病已为帝，时年17岁，是为汉宣帝。六年后，权倾天下的霍光病死。

上官太后一直到汉宣帝长子汉元帝时代还健在，“凡立四十七年，年五十二，建昭二年崩，合葬平陵。”上官皇后为汉昭帝守寡一生，最后和丈夫合葬在一起，支撑她的是和刘弗陵青梅竹马、至死不渝的爱情。

刘贺回到昌邑，开始郁闷度日，受到地方官严密监视，只得日夜忙着生育子女，在他27岁时，已经成为22个孩子的父亲。

公元前64年，30岁的刘贺命运又发生重大转折，到了一个全新的拐点，被汉宣帝贬到江西当了“海昏侯”，挣扎着再活了艰难的4年后去世了。这说明汉宣帝还是很忌讳他，也说明刘贺并非平庸人物，只是玩物丧志。

刘贺本可以精彩地做皇帝，有一个光辉的职业，有一个伟大的人生，却因游戏淫乱而被废掉。昙花一现的皇帝经历，虽有霍光威福专擅的弄权因素，但其本身的坏，使他得到了悲剧命运，甚至皇帝序列都没能进，连个谥号也没有。只有历史学家给他留点面子，叫他“汉废帝”。

诸葛亮被司马懿气死

由于《三国演义》家喻户晓，大家都把它当三国的信史看。比如“诸葛亮三气周瑜”的故事，老百姓都以为周瑜气量狭小。实则周瑜比诸葛亮大十多岁，而且并非气量狭小，相反他是一个“雅量高致，羽扇纶巾”的儒将，又善乐曲，当时吴谚有“曲有误，周郎顾”之说。所谓“既生瑜，何生亮”，不过是罗贯中的杜撰。现代人学了这一招，编了个“既生亮，何生懿——司马懿活活气死诸葛亮”的离奇故事，误导了不少读者。那么，诸葛亮真的是被司马懿气死的吗？我们来看看真实的历史记载。

首先，我们来看诸葛亮是怎么去世的。

陈寿《三国志·蜀书·诸葛亮传》记载：

> 十二年春，亮悉大众由斜谷出，以流马运，据武功五丈原，与司马宣王对于渭南。亮每患粮不继，使己志不申，是以分兵屯田，为久驻之基。耕者杂于渭滨居民之间，而百姓安堵，军无私焉。相持百余日。其年八月，亮疾病，卒于军，时年五十四。及军退，宣王案行其营垒处所，曰：“天下奇才也！”亮遗命葬汉中定军山，因山为坟，冢足容棺，敛以时服，不须器物。

从记载来看，诸葛亮是病故的。

诸葛亮逝世，后主刘禅的诏书说：

惟君体资文武，明睿笃诚，受遗托孤，匡辅朕躬，继绝兴微，志存靖乱；爰整六师，无岁不征，神武赫然，威震八荒，将建殊功于季汉，参伊、周之巨勋。如何不吊，事临垂克，遘疾陨丧。朕用伤悼，肝心若裂。

可见诸葛亮是遭疾病而故，并非司马懿气病，其病主要是积劳成疾。诸葛亮曾在《出师表》说：

受命以来，夙夜忧叹，恐托付不效，以伤先帝之明，故五月渡泸，深入不毛。

《三国志》也说诸葛亮：

“及备殂没，嗣子幼弱，事无巨细，亮皆专之。于是外连东吴，内平南越，立法施度，整理戎旅，工械技巧，物究其极，科教严明，赏罚必信，无恶不惩，无善不显，至於吏不容奸，人怀自厉，道不拾遗，强不侵弱，风化肃然也。”陈寿认为“诸葛亮之为相国也，抚百姓，示仪轨，约官职，从权制，开诚心，布公道；尽忠益时者虽仇必赏，犯法怠慢者虽亲必罚，服罪输情者虽重必释，游辞巧饰者虽轻必戮；善无微而不赏，恶无纤而不贬；庶事精炼，物理其本，循名责实，虚伪不齿；终于邦域之内，咸畏而爱之，刑政虽峻而无怨者，以其用心平而劝戒明也。可谓识治之良才，管、萧之亚匹矣。”

从上面的材料，我们可以看出诸葛亮的劳累，事无巨细，都亲力亲为，真正做到了“鞠躬尽瘁，死而后已”。

我们再来看看诸葛亮和司马懿的关系。

诸葛亮生于181年，逝于234年，终年54岁；司马懿生于179年，死于251年，终年72岁。诸葛亮比司马懿小两岁。《三国志·蜀书·诸葛亮传》只有两次提到司马懿：“十二年春，亮悉大众由斜谷出，以流马运，据武功五丈原，与司马宣王对于渭南。……相持百余日。……及军退，宣王案行其营垒处所，曰：‘天下奇才也！’”

诸葛亮和司马懿第一次间接交锋是在孟达反叛曹魏之际，当时司马懿驻屯在宛城。《晋书·宣帝纪》载：“太和元年六月，天子诏帝屯于宛，加督荆、豫二州诸军事。”

孟达“连吴固蜀，潜图中国。蜀相诸葛亮恶其反覆，又虑其为患。达与魏兴太守申仪有隙，亮欲促其事，乃遣郭模诈降，过仪，因漏泄其谋。”司马懿知道了诸葛亮的计划，于是快速进军，八天就到达上庸城下。

当时孟达给诸葛亮写信说：“宛去洛八百里，去吾一千二百里，闻吾举事，当表上天子，比相反复，一月间也，则吾城已固，诸军足办。则吾所在深险，司马公必不自来；诸将来，吾无患矣。”等到司马懿从天而降，“达又告亮曰：‘吾举事，八日而兵至城下，何其神速也！’”

兵法说，兵贵神速。这次间接较量，诸葛亮认识到司马懿这个人不简单。

蜀汉建兴九年（231年），即魏太和五年，汉丞相诸葛亮率军进攻魏，包围祁山（今甘肃东南部山地）贾嗣、魏平部，并以木牛流马运输粮草。《三国志》载：“九年，亮复出祁山，以木牛运，粮尽退军，与魏将张郃交战，射杀郃。”

诸葛亮进攻魏国，包围祁山的消息传到洛阳。魏明帝对司马懿说："西方有事，非君莫可付者。"于是派他驻守长安，节制左将军张郃、雍州刺史郭淮，并救祁山。

诸葛亮听说魏军将至，鉴于司马懿对付孟达的"快速行军"，便立即率主力迎击司马懿。

此后，史书关于诸葛亮和司马懿作战，有两种截然不同的记载。

《晋书·宣帝纪》记载：

> 亮闻大军且至，乃自帅众将芟上邽之麦。诸将皆惧，帝曰："吾倍道疲劳，此晓兵者之所贪也。亮不敢据渭水，此易与耳。"进次汉阳，与亮相遇，帝列阵以待之。使将牛金轻骑饵之，兵才接而亮退，追至祁山。亮屯卤城（今甘肃天水南），据南北二山，断水为重围。帝攻拔其围，亮宵遁。追击，破之，俘斩万计。

《资治通鉴》（卷第七十二）记载：

> 郭淮、费曜等徼亮，亮破之，因大芟刈其麦，与懿遇于上邽之东。懿敛军依险，兵不得交，亮引还。懿等寻亮后至于卤城。张郃曰："彼远来逆我，请战不得，谓我利不在战，欲以长计制之也。且祁山知大军已在近，人情自固，可止屯于此，分为奇兵，示出其后，不宜进前而不敢逼，坐失民望也。今亮孤军食少，亦行去矣。"懿不从，故寻亮。既至，又登山掘营，不肯战。贾诩、魏平数请战，因曰："公畏蜀如虎，奈天下笑何！"懿病之。诸将咸请战。夏，五月，辛巳，懿乃使张郃攻无当监何平于南围，自案中道向亮。亮使魏延、高翔、吴班逆战，魏兵大

败，汉人获甲着三千，懿还保营。六月，亮以粮尽退军，司马懿遣张郃追之。郃进至木门（今甘肃天水西南），与亮战，蜀人乘高布伏，弓弩乱发，飞矢中郃右膝而卒。

可以看出，前者说司马懿大胜，后者则说司马懿大败。而《三国志》对此战只是一笔带过，没有说具体情形。当时，诸葛亮因粮尽退军，司马懿派张郃与诸葛亮交战，结果张郃被射死。

建兴十二年（234）二月，诸葛亮率十万兵出斜谷。4 月，进抵郿县（今陕西眉县北），驻扎在渭水之南。

司马懿率军渡渭水，准备背水修筑土垒阻挡。而诸将想在渭北与诸葛亮隔水相持，司马懿说："百姓积聚皆在渭南，此必争之地也。"扎营之后，司马懿对诸将说："亮若勇者，当出武功依山而东，若西上五丈原（今陕西眉县西南），则诸军无事矣。"

诸葛亮果然驻扎在五丈原。

听到诸葛亮扎营五丈原，魏国诸将皆喜，唯独雍州刺史郭淮深以为忧，他说："亮必争北原，宜先据之。"（《资治通鉴·卷第七十二》）

郭淮很有远见，司马懿和诸将都不以为然。

郭淮接着说："若亮跨渭登原，连兵北山，隔绝陇道，摇荡民、夷，此非国之利也。"（《三国志·魏书·郭淮传》）

司马懿这才意识到北原的重要性，命郭淮率兵移屯北原。

诸葛亮东进的道路受阻，北进渭水，又有郭淮阻挡，因此不得不先拿下散关再说，准备绕道进攻司马懿。

八月，司马懿遵照魏明帝"坚壁拒守，以逸待劳"的指示，与诸葛亮相持百余日。诸葛亮数次挑战，司马懿均坚壁不出，欲待蜀军粮尽，伺机反攻。

诸葛亮便派人送"巾帼妇人之饰"羞辱司马懿，欲激他出战，但司马懿仍不出战。实际上司马懿本人根本不敢出战，尽管魏将个个跃跃欲试，要与蜀将一决雌雄。为了平息将领们的不满情绪，司马懿知道只有借魏明帝的权威才能压住众将。老奸巨猾的司马懿对于诸葛亮羞辱他，不失时机地装得很愤怒，立即上表魏明帝请求出战。

魏明帝也是聪明人，明白司马懿的意思，便派辛毗持节来魏营，名义上是节制司马懿，实际上是节制诸将的行动。

辛毗到达司马懿军营时，姜维就对诸葛亮说："辛毗杖节而至，贼不复出矣。"

诸葛亮说："彼本无战心，所以固请者，以示武于其众耳。将在军，君命有所不受，苟能制吾，岂千里而请战邪！"

姜维看到了魏军的未来态势，诸葛亮则一语戳中了司马懿的心事。

后来，诸葛亮每次挑战，辛毗便仗节立于军门，不准司马懿出战。实际上是表演给魏将看，而司马懿也乐得演戏。

这样的形势，诸葛亮不得不屯田，做长期驻扎的准备。

其时，司马懿问诸葛亮的使者说："诸葛公起居何如，食可几米？"

使者回答说："三四升。"

司马懿再问政事。

使者说："二十罚已上皆自省览。"

使者走后，司马懿便对身边人说："诸葛孔明其能久乎！"

不久，诸葛亮病故于五丈原军中。

蜀军秘不发丧，全军撤退。

司马懿得知蜀军撤走，立即出兵追击。

蜀将杨仪返旗鸣鼓，做出回击之状。

司马懿以为中计，急忙收军退回。

这里可见，司马懿骨子里很害怕诸葛亮。

第二天，司马懿到诸葛亮的行营旧地，“观其遗事，获其图书、粮谷甚众”，见诸葛亮章法有度，深得行军之妙，赞叹诸葛亮说：“天下奇才也！”

根据弃落的军书图籍，司马懿说：“孔明已死！”

辛毗说：“孔明死否，尚不可知！”

司马懿说：“军家所重，军书密计，兵马粮谷，今皆弃之，岂有人捐其五藏而可以生乎？宜急追之。”

辛毗点头，于是，司马懿率兵急追，但蜀军早已远去。

司马懿追到赤岸时，才知道诸葛亮已死。一直以来被沉重压抑的心情，顿感无比轻松。

当时百姓为之谚曰：“死诸葛走生仲达。”

司马懿听了，笑道：“我能料生，不能料死。”

司马懿之所以笑，是为诸葛亮去世终于没有敌手而高兴的笑，这说明司马懿在潜意识里对诸葛亮有一种畏惧。

从司马懿与诸葛亮交锋的前后过程来看，由于当时蜀军与魏军实力相当，两人都不能达到对方掌控的范围之内，故而处于相持状态。也可以看到，诸葛亮多次主动挑战，而司马懿都不敢应战，害怕中诸葛亮之计。间接说明了诸葛亮多智善谋。

司马懿在给他弟弟司马孚的回信里说：“亮志大而不见机，多谋而少决，好兵而无权。虽提卒十万，已堕吾画中，破之必矣！”显然，这是司马懿在弟弟面前贬低别人，吹嘘自己，有点自恋。而实际上他钦佩诸葛亮是天下奇才，在潜意识里，自己还比不上。况且“死诸葛吓退活司马”，可见司马懿在内心深处，是何等的畏惧诸葛亮。所谓“既生亮，何生懿”的说法，纯属搞笑。至于诸葛亮被司马懿气死更是无稽之谈。

唐太宗以少吓多：单骑吓退突厥10万骑兵

627年正月，大唐皇帝李世民改元贞观，是为贞观元年。前无古人的贞观时代横空出世。

经历了激烈的“玄武门之变”后的长安，恢复了往日的平静。天空似乎越来越明朗，盛世气象萦绕在金碧辉煌的长安城楼的每个角落。

街上人来人往，人们神态安详、愉快、和乐……

士人带着书童，摇着扇子，东张西望。仕女三三两两，欢声笑语，姗姗而行。市上的农民高声叫卖着新鲜菜瓜，边卖边夸，坊间的市民悠闲地聊东聊西侃天侃地。人民安居乐业，好一派太平盛世景象。

李世民继位以来，以民为本，安民为务。他说：“民，水也；君，舟也。水能载舟，亦能覆舟。”

在他的领导下，君臣百姓和谐，励精图治，天下一心。贞观四年（630），流浪在外的百姓，纷纷返归故里，安居乐业。这一年全国大丰收，一斗米不超过三四钱。一斗米20斤，才几个钱，物价低得没话说。带几十块钱走遍天下都不怕，往返路费也不用担心捉襟见肘。从长安到岭南走一路，不用带粮食，路上供应充足。“自山东至于沧海，皆不粮，取给于路。入山东村落，行客经过者，必厚加供待”。离开这些村子的时候，人们还会赠送一些食物和礼品。唐朝的很多诗人诸如李白之所以能神游天下，饱览山川秀美风光，很大程度上是旅游费用极低的结果。大多时候剑术高强的李白只要带一把剑，五花马，千金裘，写几首《侠客行》，将进酒，杯莫停，天生我材必有用，千金散尽还复来。贞观九年（635），百姓丰衣足食，牛马成群布野；道不拾遗，夜不闭户，全国一片欣欣向荣。

农业的繁荣带来了商业和贸易的繁荣。长安城设有专门的东市和西市，东西南北货物齐全，各种商品琳琅满目，操着各种语言、穿着各种服饰的各国商人云集。除了长安和洛阳是国际大都市外，还有一大批闻名的商业都市。如沿海的交州、广州、明州、福州；内陆的扬州、益州（成都）、洪州（南昌）；西北的沙州、凉州。海陆两条丝绸之路畅通无阻，贸易繁荣。大宗货物源源不断地沿着丝绸之路，在东西方世界来回运输贸易。在整个亚欧大陆，加入了丝绸之路，就等于加入了世界贸易组织。人们享受着交易带来的利益和快乐，丝绸之路是当时世界上名副其实的黄金大道。

太宗非常重视人才，选拔大批有真才实学的人。有本事的人不愁英雄无用武之地，也不会因为贫困而在政治上默默无闻。在国学扩招、广开科举。当看到新科进士鱼贯而出，太宗大喜：“天下英雄，都进入了我的圈子！”

太宗乐于纳谏和善于听取。有一次，太宗在御花园玩鸟，不巧被魏征看见了，太宗赶忙把鸟塞进怀里。魏征装作没看到的样子，滔滔不绝地在太宗面前，把政事说个不停。太宗也不好打断，心里巴不得魏征快点讲完。没料到今天魏征废话特多，没完没了。魏征一退，太宗拿出鸟来一看，已经憋死了。回宫后，太宗只好朝长孙皇后发脾气：“迟早有一天，朕要杀掉那个乡巴佬。”

长孙皇后听了大惊道：“谁惹皇上生气了？”

太宗气哼哼地说："还不是魏征这小子！"

皇后严肃地说："以铜为镜，可以正衣冠；以人为镜，可以知得失，魏征正是这样难得的人啊！"

太宗听了，如梦方醒，知道自己玩鸟玩过头了。此后，太宗更加重用魏征等贞观贤臣，虚心接受批评意见，听到刺耳的声音，也不一棍子打死。

贞观三年（629）三月，太宗授房玄龄为左仆射，杜如晦为右仆射，尚书右丞魏征为秘书监，参知朝政。房玄龄善谋略，杜如晦善决断，时称"房谋杜断"。太宗在《赐房玄龄》中说："太液仙舟迥，西园引上才。未晓征车度，鸡鸣关早开。"又在《赐萧瑀》里写下了赞美萧瑀的千古名句："疾风知劲草，板荡识诚臣。勇夫安识义，智者必怀仁。"

太宗还不拘一格提拔实话实说的人才。贞观三年（629）大旱，田野冒烟，庄稼饥渴，太宗诏求直言。尚不出名的马周，为常何写奏章，向太宗提出二十多条建议。太宗大喜，宣召马周觐见，令他宿直门下省。唐代制度，中书省草拟政令，门下省审察政令，尚书省执行政令。太宗让马周在门下省上班，说明非常看重这个才华横溢的小伙子。不久，升马周为监察御史，后拜为宰相。

唐初，凡国家军政大事，中书舍人各抒己见。议论后，将处理意见写在奏事本上，然后签上各自的大名，这叫五花判事。再由中书令、中书侍郎审查，后由给事中、黄门侍郎校正。贞观三年（629）四月，唐太宗重申遵守这个旧制，政事也就很少搞错，所以政治非常清明。政治清明，贪官污吏自然少。可以说大唐政府是当时世界上最廉洁的政府。

太宗重视法治，制定《唐律》。他说："国家之法，不是帝王一家之法，天下臣民都要遵守。"太宗要求慎重刑法，人命关天，慎之又慎。贞观五年（631）十二月初二日，定制：判处死刑，必须在两天内，五次申奏；各州三次申奏。行刑当天，尚食局不得进酒肉，内教坊、太常寺不得奏乐。行刑前一刻，门下省还得再仔细审查，依法该死但情形可怜的人，可以写状上奏，酌情办理。犯十恶不赦的大逆罪的犯人行刑，只奏一次。贞观年间犯罪率特低，贞观三年，偌大的国家，判处死刑的才 29 人，这在人类历史上都是极为罕见的。

太宗还使更多的宫中女子获得幸福，不用在寂寞的宫中浪费美好的青春年华。贞观二年（628）九月，中书舍人李百药请再出宫人。太宗命尚书左丞戴胄和给事中杜正伦，在掖庭西门，简选宫人，前后放出宫女达三千余人。

贞观时代，是一个空前开放的时代，一个大气魄大胸怀的时代，一个海纳百川气吞天下的时代。其时西罗马帝国，因日耳曼人入侵而灭亡，新成立的蛮族国家，互相攻击，一盘散沙；而东罗马帝国（395—1453）也如明日黄花，日薄西山。整个西方变得支离破碎，就像霜打的茄子一样萎缩了。贞观时期的唐朝，是当时世界唯一的最强盛的大一统的帝国，是当时世界唯一的超级大国。京城长安（今陕西西安）是世界性的大都会，是国际文化政治经济贸易商业中心。各国的外交使臣由衷地赞叹大唐富庶，他们仰慕高度发达的中华文化，流连忘返于大唐帝国高度繁荣的物质文明。各国商人怀着玫瑰色的大唐中华梦，像朝圣一样，络绎不绝，长途跋涉来到长安。走在长安的大街上，随时可以碰见高鼻深目的外国人——天竺人、波斯人、大食人、罗马人、西洋人等。有幸来到唐朝的各国幸运儿，以成为大唐人为荣。全国各地都有外国移民定居，商业都市仅广州一地的西洋移民，就达二十多万人。而唐朝对于这些外国移民的善意也是古今罕见的，有的甚至还可以参加科举考试，如新罗崔致远竟然在中国考中难度极大的进士，足见中华文化强大无比的融合能力。长相思，在长安。那时候，大唐帝国是世界各国仁人志士心目中挥之不去的“中华梦”，是他们虔诚朝拜的圣地。各国才俊们冒着生命危险，渡越重洋，不远万里也要赶往大唐帝国。一批又一批的留学生不辞劳苦地来到大唐。大唐接受日本留学生先后有七批，每批几百人。贞观四年（630）八月，日本派遣使节犬上三田耜（御田锹）、药师惠日等来唐。这是日本第一次遣唐使，第二年，犬上御田锹等人抵达。林邑、新罗也遣使到唐参观学习。

他们渡越重重海浪，翻山越岭，为的是学习大唐帝国的政治、经济、文化、技术等方面的“现代化”制度和先进经验。日本留学生学成归国后，在日本进行了第一次“现代化”改革运动，史称“大化改新”。上至国家政制，下至风俗习惯，学习大唐贞观风采，使尚处于原始部落社会的日本，腾空一飞跃，进步了千年。

可以说，大唐帝国是当时世界当之无愧的文明中心，“富强”二字，尚不足以概括这个世界历史上最伟大的帝国的神采！整个地球都为如葡萄美酒般的大唐风采陶醉。而创造这大唐风采的正是被称为“继孔子之后中国数一数二的伟人”唐太宗李世民所开创。

太宗一生，驰骋战场，金戈铁马，气吞万里如虎。御宇以后，北定突厥，西平中亚，建立了秦皇汉武以来的最辉煌的武功。

太宗“昔年怀壮气，提戈初仗节。心随朗日高，志与秋霜洁。

移锋惊电起，转战长河决。营碎落星沉，阵卷横云裂”；他在《饮马长城窟行》挥笔写出“瀚海百重波，阴山千里雪”的浩渺诗句；他率领千军万马，“悠悠卷旆旌，饮马出长城”；他“慨然抚长剑，济世岂邀名。星旆纷电举，日羽肃天行。遍野屯万骑，临原驻五营。登山麾武节，背水纵神兵。在昔戎戈动，今来宇宙平”。

贞观十九年（645）六月，太宗将前来增援的高句丽大将高延寿所率领的十五万人马，打得趴下投降。司马光在《资治通鉴》说：“延寿、惠真率其众三万六千八百人请降，入军门，膝行而前，拜伏请命。”

唐太宗说：“东夷少年，跳梁海曲，自今复敢与天子战乎？”

高延寿等人“皆伏地不能对”。

贞观二十二年（648），太宗派王玄策出使天竺（今印度）。天竺大臣那伏帝阿罗那顺篡位，劫持大使。王玄策用计逃脱，不久率领借来的尼泊尔军，向天竺挺进。连战三天，大败天竺。

唐高祖武德九年（626）八月底，来自游牧文明的突厥首领颉利可汗，利用“玄武门之变”前后出现的太子李建成派和秦王李世民派的不和，率十万大军，兵锋直指泾州。

泾州在什么地方？

泾州在长安西北，离京师只有一百多里。

守将罗艺和太子李建成关系较好。“玄武门之变”，太子李建成喋血，罗艺无可奈何。因此也就象征性地做个样子抵抗了一下。

颉利可汗和他的侄子突利可汗像两个穷凶极恶的怪兽，直逼长安。颉利可汗通牒唐朝尽快纳贡称臣，否则立即摧毁长安。

一时京城强烈震动，人心惶惶。

刚刚登基的唐太宗非常镇静。这位使中国在东亚有绝对权威的真正树立者，后来先后征服东、西突厥，并将中亚印欧语族的诸王国置于保护之下的大唐天子，虽然初御天下，但是多年的南征北战，驰骋沙场，在他看来，颉利可汗的十万人马不过是小菜一碟；弹指一吓，就得乖乖退避三舍。

太宗和大臣们群策群力，先用计谋使来势汹汹的颉利可汗和他的主力军分开。太宗亲率一小队人马，把颉利可汗包围在渭水附近。然后展开强大的宣传攻势，劝诱颉利可汗停战。

颉利可汗见势不妙，同意讲和。

渭水便桥，大唐天子李世民身穿黄金甲，单骑上桥，策马直奔突厥大营。

见太宗如此从容，突厥首领们纷纷下马拜服；颉利可汗的十万将士更是被大唐天子这种气势震住。

一会儿，大唐帝国的大队人马，铠甲鲜明，旗帜飞扬，随后挺立。

太宗驰马至突厥营前，训斥颉利可汗和其他首领："何以背信弃义？胆敢冒犯中华上国！"

颉利可汗羞愧不已。见天子如此气魄，心中惊讶；仔细观察天子，容貌俊伟，气吞山河，神采非凡，果然不愧中华上国之主。

于是言归于好，斩白马为盟，颉利可汗率十万大军退回游牧地区。

贞观元年（627），附属突厥的薛延陀、回纥、拔野古起兵反抗突厥统治。突利可汗镇压反叛无效，颉利可汗怒火冲天，把侄子抓起来，痛打了一顿，然后关起来。

屋漏偏逢连夜雨，行船更遭顶头风。

本年大雪厚不见底，突厥大量的牲畜被冻死。牲畜是游牧民族的命根子，一旦丧失，就会饿肚子。可怕的饥荒笼罩在突厥大地。

突厥内部离心离德。颉利可汗依赖粟特人等其他中亚人作为他的行政官员，似乎要过一种安定的日子。这对传统的游牧文明居无定所、随水草而行的生活方式，是一种背叛。保守派对颉利可汗这一趋势非常不满。

贞观二年（628）四月，被颉利可汗释放的突利可许，派使者来唐请求援助。太宗召集大臣讨论，兵部尚书杜如晦请出兵征伐突厥颉利可汗。贞观三年（629）十二月，突利可汗入朝，太宗任命他为右卫大将军，赐爵北平郡王。

太宗抓住这宝贵的时机。贞观二年底，派遣游击将军乔师望从小路带着册书，册立反抗颉利可汗的夷男为真珠毗伽可汗。夷男获得天子的承认，非常兴奋，立即向大唐进贡，他的政治地位也如芝麻开花节节高，其他突厥部落纷纷向他投怀送抱。

贞观三年（629）颉利可汗感觉处境极其不妙。这颉利也狡猾得很，向唐朝暗送秋波，公开宣称自己也是大唐的藩属。

尽管颉利可汗使出了勾人的火热媚眼，但并不能打动太宗之心。

太宗相信：此时正是千载难逢的时机，百分之百的胜券在握。

即派李世勣率十多万大兵，长驱直入大漠。贞观三年（629）八月，任命兵部尚书李靖为行军总管，张公谨为副总管，前去摆平颉利。

一时风生水起。

突厥俟斤九人率三千骑兵降唐，拔野古、仆骨、奚等部落首领纷纷率部众降唐。

大漠孤烟直，长河落日圆。

大唐将士们一边欣赏大漠美妙的风景，一边搜检着颉利可汗败走后的营帐。

贞观四年（630）正月，李世勣在白道大败突厥兵，李靖在阴山大败颉利可汗。李靖率三千骑兵，从马邑进驻恶阳岭，夜袭定襄，大败突厥兵。

颉利可汗大惊，迁牙帐于碛口。态势越来越不妙，郁闷的事情越来越多。

颉利的亲信康苏密，偕隋炀帝皇后萧氏及其孙杨政道降唐。

颉利可汗感觉末日降临。唯一的办法就是玩跑得快。跑啊跑，跑啊跑，但总得歇歇。在连日的恶跑之后，颉利可汗觉得唐军八成也跑不动了。他终于甩掉了热情似火的“追求者”，想到这里，他不禁有些得意，决定在苏尼失安营歇息。

贞观四年三月，行军副总管张宝相率将士，从天而降苏尼失兵营，俘获如丧家之犬的颉利，押送长安。

颉利可汗匍匐在大唐天子脚下认罪，此后作为人质，在长安了却余生。

贞观四年三月，各族君长、酋长、首领、可汗到长安，请求太宗称“天可汗”。

唐太宗谦虚地笑着说：“朕为大唐天子，难道又当‘天可汗’吗?”

此后，唐太宗赐给西北各族君长的玺书，用“天可汗”的称号。

但是，事情并没有结束。就如何处理十多万突厥归民的安置问题，朝廷内外进行了热烈而开诚布公的辩论。魏征、颜师古、李百药等大臣，从儒家的“非我族类，其心必异”的立场出发，反对把突厥人引进中原，特别反对将其安置京师三辅地区。他们认为，突厥的游牧本性，不会被中原农耕文明的定居生活方式同化，更不会受中华文化价值的影响。突厥人应当回到他们的草原故土，在政治上分裂他们，控制他们的军队，使他们不能构成军事威胁。

这些看法显然是书生之见，低估了中华文化的神奇力量，低估了中国生活方式的魅力，更低估了突厥人的本性和他的组织方式。一旦放归草原，他们会重新以强大的骑兵卷土重来。无数的历史证明，游牧文明在一段时间后，会重新强悍起来，对中原王朝构成强大的威胁。

太宗最后接受了中书令温彦博的建议，决定拆散突厥部落，把他们安置在河套平原南部的中国境内，分散居住在各个州县，从事农业生产，过定居生活；同时消磨他们的文化特性，让他们接受中华文化这种“现代文明”的影响，成为地地道道的中国人。太宗把一些部落头领封为将军，继续统率他们的骑兵为大唐帝国效力；留一万余突厥贵族定居长安，其他十多万突厥人分散在河北、陕西一带的州县，成为大唐农民。

在贞观时代，成为大唐农民是一件很荣幸的事情。按照唐政府的“均田制”，每个丁男丁妇都会从政府获得几十亩土地，并享有赋税优惠和生产补贴。出现在8世纪的和硕·柴达木的突厥碑文，记载了东突厥人的臣服：“贵族子弟，陷为唐奴。其清白女子，降作唐婢。突厥之匐，弃其突厥名称，承用唐官之名。遂服从唐皇，臣事之者五十年。为之东征向日出之方，西征远至铁门。彼等之克国除暴，皆为唐皇出力也。”这个碑文基本上说的是突厥贵族臣服后的情形。

此时的西突厥正专心经营西方，与拜占庭帝国（即东罗马帝国）合作对付波斯萨珊王朝。西突厥帝国射匮可汗和他的弟弟统叶护可汗时期，西突厥控制的疆土极广，空前强盛。贞观四年（630），就在唐僧访问西突厥数月之后，出现了一个突然的崩溃。西突厥的统治者统叶护可汗，被属下葛逻禄部落杀死，西突厥帝国也随之土崩瓦解。

贞观八年（634），西突厥被两个部落集团分割，一个叫弩失毕，一个叫咄陆。两个部落不断争夺撕咬，但实力相当，一时难以合二为一。

太宗巧妙地运用“以夷制夷”的传统政策，维持这种均势；关键时刻，扶持一个，打击一个。

贞观十五年（641），太宗册立突厥帝国西部联盟的沙钵罗叶护为可汗。这件事引起了突厥东部联盟的咄陆可汗（638—651）的不满，作为发泄，咄陆攻下了沙钵罗叶护可汗在中亚的几个绿洲；不久又派武林高手刺杀了沙钵罗叶护可汗。咄陆暂时统一了西突厥，扣押大唐使臣，并派兵入侵。

但咄陆的统治地位并不稳固，最后众叛亲离。贞观十六年（642），西突厥内部不满咄陆可汗统治的部落派使者来到长安，请求册立一个新可汗，太宗册封乙毗射匮为可汗。乙毗射匮可汗遣贡使到唐朝求婚，太宗默许了他的要求，乙毗射匮可汗以五个绿洲作聘礼。同年，大唐将军郭孝恪在博格达拉山附近打败了咄陆可汗。咄陆败逃吐火罗国，从此基本上退出了角逐的历史舞台。

4 世纪初以来的五胡内迁的人们，经历了孝文帝改革等一系列潜移默化的民族融合，逐渐被汉化，但是他们也给中华带来了新鲜的血液：强悍。大唐帝国决不用求和、金银、布帛、粮食去刺激外夷的欲望，让他们颤抖，让他们匍匐在“天可汗”的脚下，俯首称臣。

太宗开始了他在中亚的辉煌武功，整个世界看到一个史诗般的帝国在亚洲雄起。

焉耆国和库车国都是印欧文化的中心。焉耆的佛教文化来源于印度文明，物质文化类似于伊斯兰文明，他们的艺术还具有希腊文化的色彩。今天柏林的焉耆墙壁纹饰与哈达墙壁的纹饰，有一种似曾相识燕归来的熟悉感。人类就是在这不断的交流中传承着文明。

贞观六年（632），焉耆承认了大唐帝国的宗主权。但是贞观十四年（640）它与西突厥结盟，唐太宗即派将军郭孝恪去收拾这个不听话的藩属。

一个漆黑的夜晚，郭孝恪神不知鬼不觉地从裕勒都斯河靠近焉耆。天亮之前一举拿下了这座睡梦中的城市，并立亲中国的王子栗婆准为国王。后来栗婆准被西突厥和库车人支持下的堂兄弟薛婆阿那支废掉。

篡位者薛婆阿那支重新挑战大唐帝国的权威。

于是，唐太宗派大将阿史那杜尔（突厥王子）去彻底搞定这个反复无常的叛逆城市。贞观二十二年（648），阿史那杜尔砍下了篡位者的头颅，重立遵从中国的新王。

搞定焉耆之后，阿史那杜尔顺便也把库车摆平了。

库车由一个金色家族统治，国王是一位虔诚的小乘佛教徒。贞观三年（629），国王说他的国家是大唐的臣属。当唐僧经过时，他举行了一个盛大的仪式，欢迎这位来自中土大唐的大乘佛教的高僧。

后来西突厥介入了库车，贞观十八年（644），国王拒绝进贡，并出兵援助焉耆。贞观二十年（646），这位国王去世了，他的弟弟神花继位。

山雨欲来风满楼。

年轻的神花已经感受到大唐帝国的狂风即将刮来，他抓紧时间宣布自己依然是大唐的臣属。

但是亡羊补牢，已经来不及了。

唐朝大将阿史那杜尔率领中国精兵猛将以及突厥、铁勒骑兵，狂风暴雨似的朝库车挺进。

库车王神花率军迎战。

阿史那杜尔以他擅长的游牧战术，假装退却，诱敌进入广袤无垠的沙漠；然后包围突击，给敌人以毁灭性的致命打击。

最后，阿史那杜尔活捉了神花，这朵神话似的金色的花朵凋谢了。

但是灾难降临在大唐将军郭孝恪头上。

从西突厥求援归来的一位库车将军那利，出其不意地突然袭击，杀死了郭孝恪。其时残阳如血，沙漠弥漫着一股浓烈的血腥味。

阿史那杜尔进行了残酷的报复，踏破库车五大城，砍下11000个人头，俘虏成千上万的男女，以祭奠“古来征战几人回”的大唐将军郭孝恪。

库车神花被带到长安，趴在大唐天子脚下，称臣罪该万死。

太宗立其弟为库车王，曾经辉煌的印欧社会文明已如昔人已乘黄鹤去，中华文明的荣光照耀在焉耆和库车土地上，唐僧当年看到的绿眼珠的雅利安血统的人，已成为大唐帝国的子民。

库车臣服后，整个中亚惊恐万状。

阿史那杜尔派将军薛万备率兵前往于阗发话。恐惧万分的国王立即打点行装，随将军入朝。在长安宏伟的宫殿上，拜服在天子面前。

太宗大喜，重赏该国王，并护送回国，继续当国王。

大唐天子的仁慈和武功在中北亚树立了神威，大唐力量覆盖到帕米尔高原，控制中亚长达半个世纪之久。

太宗曾得意地说：

“古来一统天下，惟秦皇汉武罢了。朕提三尺剑，平定四海，远夷率服！”

这话的潜台词就是：我李世民乃秦皇汉武以来第一人！

太宗去世后，帝国的继承者高宗李治（650—683年在位），完成了父业。一些影视作品中把高宗皇帝塑造成一个柔弱的形象，给人们留下了他“不行”的印象，实际上高宗的谋略不亚于其父。太宗皇帝选择他，绝不是一个不得已而为之的选择。高宗派大将苏定方深入冰天雪地，在657年打败了西突厥贺鲁可汗，拥立忠诚于大唐的新可汗。自此，西突厥完全掌控在大唐帝国手中。

后来，大唐帝国和倭马亚王朝的阿拉伯人在帕米尔西部展开了竞争。唐玄宗李隆基时，大将高仙芝对帕米尔以西进行了两次战役，这位勇敢的帝国将军在天宝九年（750）迈步帕米尔山从头越，标志着大唐帝国在中亚的武功达到了顶峰。帝国掌控了帕米尔地区，成为吐火罗、喀布尔、克什米尔的保护者。高仙艺将军驻扎在库车，俨然大唐帝国在中亚的总督。

遗憾的是，天宝十年（751），高仙芝将军在怛逻斯河岸，被联合部队打败。这一天改变了中亚的历史命运，中亚转向了穆斯林世界。而天宝十四年（755），大唐帝国内部发生了长达八年的“安史之乱”，无暇进行文明之间的角逐。否则，两三年之内，大唐帝国的铁骑会重新跨过帕米尔山峰，雄视天下！

贞观二十三年（649）五月己巳日，大唐天子太宗皇帝“天可汗”驾崩于翠微宫含风殿。千古一帝，龙驭上宾，驾鹤升入了另一个仙界。他的丰功伟绩永远铭刻在青史之上。

有意思的是，那位突厥王子阿史那杜尔，他是颉利可汗的老弟；贞观十年（636）归顺大唐，太宗将一位皇室公主许配给他。阿史那杜尔从此成为大唐帝国最杰出的将军之一，他扫荡了焉耆和库车，为大唐帝国立下赫赫战功。当太宗皇帝驾崩之后，这位忠诚而勇猛的突厥王子请求陪葬，希望在另一个世界继续拱卫神圣至高无上的天可汗。

宋高宗为何要杀掉岳飞

岳飞（1103—1142 年）抗金英雄、军事家、抗金名将。字鹏举，谥武穆，后改谥忠武。河北（今河南省）相州汤阴永和乡孝悌里人（今安阳市汤阴县城东 30 里的菜园镇程岗村）。岳飞 19 岁时投军抗辽。宋高宗绍兴十一年（1142）十二月二十九日，秦桧以“莫须有”的罪名将岳飞毒死于临安风波亭。1162 年，宋孝宗时诏复官，谥武穆，宁宗时追封为鄂王，改谥忠武，有《岳武穆集》。

岳飞作为我国历史上的抗金英雄，其精忠报国的精神深受中国各族人民的敬佩。其在出师北伐、壮志未酬的悲愤心情下写的千古绝唱《满江红·怒发冲冠》，至今仍是令人士气振奋的佳作；其率领的军队被称为“岳家军”，人们流传着“撼山易，撼岳家军难”的名句，这是人民给予“岳家军”的最高赞誉。

在浙江杭州西子湖畔岳飞的坟墓旁边，长跪着秦桧的铁像。提到岳飞之死，人们没有不归罪于秦桧的。但是岳飞究竟为何被杀？一些学者认为，宋高宗才是杀害岳飞的真正凶手。秦桧只是迎合高宗的意思。当时审问岳飞的大理寺的官员何铸，向秦桧辩白说：岳飞实在无辜，为什么一定要杀。秦桧说：“此上意耳。”

那么，宋高宗为什么一定要杀害岳飞呢？

大概很少有人知道，其实宋高宗赵构是个孝子，因为思念母亲韦太后，杀掉抗金的岳飞是放回皇帝生母是金国提出的议和条件之一。

《宋史·高宗本纪》载：绍兴十年（1141）十一月，金国派萧毅、邢具瞻为议和代表，随同南宋代表魏良臣回南宋，提出议和条件。此时赵构的生母韦太后托南宋代表之一的李微，将一封信送到赵构手里。“洪皓在燕，求得（韦）后书，遣李微持归。帝大喜曰：‘遣使百辈，不如一书。’遂加（李）微官。金人遣萧毅毅、邢具瞻来议和，帝曰：‘朕有天下，而养不及亲。徽宗无及矣（当时徽宗已逝）！今立誓信，當明言归我（韦）太后，朕不耻和。不然，朕不惮用兵！’”

在这里，宋高宗说：我拥有天下，但却不能赡养亲人，而我的父亲徽宗却已经来不及孝顺了！现在我发誓，我要明言：金国要归还我的母亲韦太后，我不以议和为耻。不然的话，我不怕对金国用兵！

（萧）毅等还，帝又语之曰：（韦）太后果还，自当谨守誓约。如其未也，虽有誓约，徒为虚文！

这句话的意思是：如果我母亲韦太后果然能回南宋，我们自当谨守誓约。如果没有回来，虽然有誓约，也是一纸空文。

这年十一月，宋金达成和议，史称“绍兴和议”。最后，金国送回了韦太后。宋高宗的哥哥宋钦宗赵桓，当时拦住韦太后的车轿，痛苦地央求说：“母后，请回去告诉九弟（赵构），只要能让我回去，有间普通的房子住，我就心满意足了。”然而，赵恒这个愿望始终没能实现，最后死在金国。

在京杭大运河交汇处的上塘河河口映月桥，韦太后南归时正是从这里登岸。现在新建的映月桥上，仿古设施的双龙阁和双龙戏珠浮雕逼真地再现了当年情景。赵构母子重逢，喜极而泣。

韦太后回朝后，被宋高宗尊封为“显仁太后”。当时有人冒充宋徽宗的女儿柔福帝姬公主。韦太后听到这事，诧异地说：“柔福帝姬已病死于金国，怎么又有一个柔福呢？”宋高宗便说了柔福公主从金逃回宋的情状。韦太后说：“金人都在笑话你呢，你错买了颜子，真正的柔福早已经死了。”

宋高宗在1141年十一月达成宋金和议之后的1142年十二月二十九日农历除夕夜，赵构“特赐死”岳飞，而当时韦太后可能正在归途之中。

根据宋高宗的指示，秦桧以“莫须有”的罪名将岳飞毒死于风波亭，岳飞年仅39岁。岳飞部将张宪、儿子岳云亦被腰斩于市门。岳飞父子及张宪死于奸臣昏君之手，激起了抗金将领和老百姓的强烈愤怒。

韩世忠当面质问秦桧，秦桧支吾其词说：“其事体莫须有（也许有）。”

韩世忠当场驳斥说：“‘莫须有’三字，何以服天下？”

然而，这并不能改变岳飞被处死的命运。

临死前，岳飞在供状上写下“天日昭昭，天日昭昭”八个大字，以表明自己的清白和忠心耿耿。就这样，一代忠臣良将岳飞就被宋高宗杀害了。

当然，宋高宗思念母亲而杀岳飞只是原因之一，岳飞之死还有其他的原因。

由于宋太祖赵匡胤“陈桥兵变”黄袍加身，所以宋代皇帝有猜忌大将的传统。先是宋太祖“杯酒释兵权”，后来又有“兵无常帅，帅无常兵”的制度，对拥有兵权的大将更是疑忌。

历史上的岳飞既是一个好学习、不扰民、得军心的人，也是一个不好色、不爱钱、不贪财的人。有人要送美女给他，被岳飞退回；年轻时岳飞喜欢喝酒，皇上劝了他一次，他从此就滴酒不沾；皇上要给他盖房子，他不要，并且说："敌未灭，何以家为？"岳飞常打胜仗，又如此高尚、如此廉洁奉公，如此得民心军心，应该是很不错的，但在皇帝看来，他意欲何为？

宋高宗对"岳家军"更是敏感，顾虑重重，他不愿意看到大将具有这样的政治军事势力。表现最明显的就是"淮西事变"。宋高宗采用宰相张浚的建议，让文官吕祉掌握了名将刘光世的军队。而刘光世的部将要求归岳飞节制，高宗没有允许，所以刘光世的部队发生兵变，杀死吕祉，并投降伪齐。史称"淮西事变"。"淮西事变"不但搅乱了北伐大计，而且改变了敌我态势和力量对比，北伐收复中原在宋高宗看来是不行了，急令岳飞转入防御，保住长江防线。这次事变也使赵构认识到这些军队和他们的首脑是不可靠的，名义上是国家的军队，但实质上，在很大的程度上还是私家军队。要不，老百姓为什么叫他们作岳家军、韩家军、张家军、刘家军？为什么不叫皇家军？四大主力军全是这些首领们自己拉扯起来拼杀出来的部队，这些兵将只认多年来带领他们出生入死的首领，而不怎么认朝廷。如果再来一次"淮西事变"，甚至回过头来打朝廷，该如何是好？当务之急，不是北伐，而是整顿军制，把这些军队变成真正的皇家军队！但要整军，就不能打仗；要不打仗，就只有和谈。赵构并非无能的皇帝，他马上开始行动。第一步是和谈；第二步是剥夺韩世忠、岳飞、张俊三将（刘光世早已交过兵权了）的带兵权，让他们离开自己的部队；第三步是把管兵、调兵两权分开，由两个部门管辖。因此，"淮西事变"是南宋时期的一个极其重要的事件，它促使主战派张俊离开了政坛，议和派秦桧上台，当了宰相。使岳飞由信任到受猜忌，并一步一步地走向被害的死路。难怪岳飞死后有悼诗悲叹"自古忠臣帝主疑，全忠全义不全尸"。

岳飞的北伐口号是“直捣黄龙，迎回二圣”，这正中宋高宗的要害。由此也可以看出岳飞在政治上的幼稚。据说，有一次岳飞为感谢皇上对他的重用，向皇帝表忠心过了头，他说皇帝您放心吧，我一定要攻克黄龙府，迎二圣回朝，并以此作为北伐的口号。在赵构看来，黄龙是金国老巢，捣了它也罢，但迎回二圣干吗？二圣是谁？一个是皇帝老爸徽宗，一个是皇帝哥哥钦宗。大家想想，如果宋高宗的父亲跟他的哥哥都回来了，那么宋高宗的位子还能坐得稳吗？据说秦桧这小人跑到宋高宗耳边打小报告，声情并茂地说了一番，并画了三个太阳，意思是提醒皇上，这国无二主，天无三日啊。对于岳飞的忠心话，高宗嘴上不说什么，心里十分不悦。在他看来，把他父亲迎接回来还没什么，顶多继续当“太上皇”，但是哥哥宋钦宗如何安排，总不能“二帝临朝”吧。所以岳飞在这里有点不识时务。

岳飞在政治上的单纯，还表现在要求宋高宗册立太子的事情上。1137 年，岳飞听说金人想在汴京立钦宗之子为帝，就上书高宗请立太子以安定人心。当时同行的随军转运使薛弼就劝他，作为在外领兵的武将，不应该在这样的问题上发表意见。岳飞却义正词严地说：“臣子一体，不当顾虑形迹。”岳飞在政治上的幼稚，到了何等可爱又可笑的地步。一个武将干预起皇帝的“家事”，这是赵构无法容忍的。高宗本来就对这个问题很敏感，因为战乱败亡，泥马渡江，受了惊吓，一直无子，本来就烦恼得很，唯一的儿子又在一次兵变后死掉了，现在的两个皇子还是过继来的。

后来岳飞还经常干预“国事”，这也让赵构十分不爽。宋朝有重文轻武的传统，赵构认为，“战和”这样的国家大事，应当由文臣们讨论决定，武将只要忠实执行决策就行了。岳飞却经常在这个问题上指手画脚，很让高宗和文臣们反感。在这点上韩世忠做得比较明智，被解除兵权之后，当起了发型设计师，所设计的发型颇能引领京城发型时尚潮流。

岳飞在性格上的直爽，缺乏柔和性格。当然，这正是他的可贵之处，有骨气。岳飞主张抗金，反对议和，在这一点上近乎执著。秦桧在遗嘱中提到，岳飞和宋高宗因为抗金的事发生了根本的分歧，以后皇帝便不再喜欢岳飞了。其实，宋高宗对金的态度，可以说是国仇家恨，不共戴天。只是从军事上、经济上苦于没有大举兴兵反击金国的本钱。当时金国几乎每三年就要组织一次大规模的入侵，在内忧外患之中的高宗皇帝已经焦头烂额。高宗一方面重用岳飞等武将四处扑火，高举北伐大旗，另一方面又不得不让秦桧牵头一次次对金“议和”，以便得到喘息之机。可岳飞一味主战、反对议和的想法根深蒂固，没有一点回旋余地，认为皇上如此重用我，就要把金国打出中原，有时甚至不惜和皇帝对着干。

高宗为了取得武将对“议和”的支持，特别赐予刘光世、张俊、韩世忠三大将新的封号和官爵，并提升岳飞为开府仪同三司。升迁本来是一件求之不得的好事，然而固执的岳飞连上四折表示不接受，并指出，现今的形势不容乐观，应加紧训练士兵，以备不测。他要求皇上收回成命，以便“保全臣节”。这样，迫使赵构在三下诏令之外，又好言宽慰。实际上岳飞如此谦虚，让宋高宗很没面子，真心封你官，你却三番五次不要，你把真心当狗肺了。所以，宋高宗被岳飞气得要死。政治谣言也对岳飞不利，引起了高宗对岳飞的反感。有一个谣言说，岳飞三十出头就当上了节度使。岳飞有一句话，说在朝这些大将里面，能三十出头当节度使的，除了太祖，只有我岳飞一个人。另一个谣言说，岳飞解除兵权之后，岳云和张宪在湖北襄阳举兵要拥岳飞，武力要挟朝廷恢复岳飞的兵权。偏偏在这个时候，岳飞不合时宜地上表，言辞激烈，要求恢复自己的兵权。显然岳飞被害，一方面有宋高宗思念母亲的缘故，另一个方面从岳飞的精忠报国来看，宋高宗也有自私阴暗的一面，他对岳飞没有好感，并且独独没有给岳飞平反，直到宋孝宗时才给岳飞加谥“武穆”。

但是放到历史的宏大背景之下，岳飞之死与南宋初年复杂的政治经济军事形势息息相关。也许他是一个时代的悲剧，说到底可能是人性的悲剧！

欲望横流的大明王朝

明朝的政治是比较独特的。出身贫寒的朱元璋推翻蒙古贵族的统治之后，对新贵功臣大开杀戒，杀一次就满门抄斩，斩草除根，可以说是中国历史上最杀光的皇帝，同时也换来了明朝276年的太平天下。他的超级狠和高度的理性，不是一般人能学得来的。

他的超级狠还体现在废掉宰相。宰相制度实行了一千多年，只有朱元璋敢废了它，确实够狠的。明朝也就成了历史上唯一一个没有宰相的朝代。后来所谓的殿阁大学士，不过是皇帝的政治秘书而已。同时，殿阁大学士根本指挥不了作为政府机构的六部尚书。

明朝政治发展到中后期，权力已经处于一种“虚无缥缈”的状态。皇帝只在内阁大学士票拟的办法上签字画押、盖皇帝印而已。

明武宗朱厚照就首先发现当皇帝没正事，所以天天泡在豹房里淫荡。嘉靖皇帝则把皇宫当成了炼丹厂，天天和道士们加班加点生产长生不老药。

明神宗彻底发现当大明帝国的皇帝实在是无聊，干脆罢了工，几十年不上班。由于整个明帝国的官僚系统像机械一样运转着，凡事按部就班，完全专业化的官僚运作。所以，万历几十年不上班，国家照样没事。大学士好几年没见过皇帝那很正常，六部官员一生都可能见不着皇帝。

明熹宗基本上不管政事，而是热心于国家建筑事业。天天在皇宫里用刨子、斧头、锯子，干劲十足地搞建筑，设计房子，开发房地产，成为历史上罕见的木匠皇帝。

明朝政治思想层面高扬理学，“存天理，灭人欲”的程朱理学是明朝的指导思想。表现在录取官员上就是八股取士。这是一种严格的机械化、标准化、流水线似的选官考试。只有脑袋被八股化的人，才有可能考上。因此可以想见，考中的都是些什么人。这些人才可以分两类，一种是很古板的标准八股人，一种是非常狡猾的见风使舵的人。第一种人是官僚机器运转的必要工具，第二种则是官场所需要的拍马屁者。

明朝表面上看起来很正经、很严肃、很高尚，但骨子里则很黄、很暴力。上至官员，下至百姓，可以说是中国历史上性开放最彻底的朝代。很多人都知道唐朝很开放，实际上唐朝的开放主要在上流社会（当然，中国历史上的上层社会一直很荒淫），而且主要是乱伦现象比较多，这与唐朝带有鲜卑遗风有关。比如高宗娶了他父亲太宗的才人武媚娘，而61岁的女皇又有身材魁伟的男宠冯小宝，71岁又有御医情夫沈南缪，73岁又有一对20多岁美少年张昌宗、张易之兄弟同床侍寝，后来更疯狂的是设置专门供女皇淫乐男宠的“控鹤监”，并下令增选天下美少年（事实上，女皇的母亲竟与“年少色美”的亲外孙贺兰敏之通奸，乱伦乱到一定境界了。或许，女皇在性生活上受到她母亲的影响?）。玄宗则更离谱，杨贵妃原是他儿子寿王的妃，这老家伙竟然“爬灰”。

政治机器和指导思想带来的严肃和拘谨的反面，就是官员的放纵和淫荡。表面上一本正经、貌似严肃的明朝官员骨子里，那可是“坏”得很，女色不断，玩得很放荡。但玩这些开支很大，所以就格外贪得狠。白天大搞贪污，晚上超级变态。“一日受千金不为贪，一夜御十女不为淫”，是明朝官员最真实的写照。海瑞为什么名气那么大，因为他是明朝罕见的不贪的清官。众人都贪，唯他不贪，物以稀为贵，所以他的名气大。

孟子说："食色，性也。"食色是人之正常需要，无可厚非。但过度的欲望会不可避免地以钱财支付来获得满足，尤其是性需要，在日益商品化的明代社会，必须付出钱财。对于官员来说，便只有贪污受贿这条路，可以来钱来得多。对于百姓来说，只有坑蒙拐骗抢偷这一条道，可以来钱来得快。所以明朝中后期社会最明显的特征就是男盗女娼，社会日益金钱化、色情化。明初社会由于明太祖、明成祖两朝的严厉统治，一直处于禁欲状态，这一时期也是明朝最强盛的时期。明仁宗朱高炽、明宣宗朱瞻基统治时期保持着强盛的态势，社会继续繁荣，史称"仁宣之治"。但是到了明宪宗成化年间（1465—1487），明朝开始肉欲横行。房中术、春宫画、性用药、性用具在市面上公开流行。那时正是大明帝国建国百年之际。上至帝王将相，下至平民百姓，心里想着的那点子事，就是欲望。

明朝中后期的皇帝大多是淫棍，明武宗是最疯狂的淫棍皇帝，日日夜夜在豹房淫乱，花样翻新到令人咋舌的地步。万历的父亲明穆宗因淫欲过度，暴病而亡。万历的儿子明光宗朱常洛压抑了几十年才当上皇帝，虽有刷新政治的气象，却夜夜少不了女色，结果当皇帝不到一月就累倒了，重病在床。病急乱吃药，吃了鸿胪寺丞李可灼进的一粒红丸，便一命呜呼了。唯独崇祯比较独特，别的皇帝都勤于女色，独他勤于政事，是明朝中后期上班最勤快的劳模皇帝。

由于理学在明朝是钦定的真理，理论体系已经很完备，因而也没必要再去探索什么学术真理和搞什么理论创新。官员和百姓对冠冕堂皇的理学已经失去了兴趣，正常的学术研究逐渐消失，很少有人再用心做学问。所以，宋朝的读书人能坐冷板凳把学术搞下去，而明朝的读书人则搞不下去。因为理学已经放之四海皆准，没有什么可搞的。当时的执政者虽提倡理学，但自己却并不实行。所谓“存天理，灭人欲”，不过是唱唱高调给人听听而已。一些官员是道貌岸然的影帝，嘴上讲“存天理，灭人欲”，私底下是“灭天理，存人欲”。曾经做官做到知府的大思想家李贽，就批评当时官场虚伪狡诈，缺乏童心。所以他硬着头皮写了几本禁书，提倡“童心说”，要彻底扯下盖在官员脸上的遮羞布和身上的花内裤，让他们在官场上裸奔起来。李贽一个人战斗的结果可想而知，70多岁的老先生被礼科给事中张问达参奏，说他勾结尼姑并通奸，“挟妓女白昼同浴，勾引士人妻女入庵讲法。”善于罗织的张给事中危言耸听地说，这必将导致放荡的后生小子“明劫人财，强搂人妇，同于禽兽而不足恤”，并强调，最严重可怕的是，李贽已经来到离帝都不远的通州，恐怕要蛊惑都门，颠覆理学，危害国家安全。在张问达眼里，此时的李贽已经是“洪水猛兽”，堪比怪兽，而张问达则是打怪兽的“奥特曼”。于是皇帝批示锦衣卫捉拿李贽，并关进大牢。不久，李贽用剃刀自杀未断气，说了一句：“七十老翁何所求！”两天后去世，脱离了冠冕堂皇的苦海。东厂锦衣卫特务报告万历皇帝说：“李贽不食而死。”而这年是1602年，离大明帝国的覆亡只有42年。

明朝人对于欲望的渴求，表现在思想文化层面，就是对色情文化非常迷恋。不论是官员，还是百姓，很关注坊间最新流行的色情小说；请客喝酒好聊荤段子，别看官员念起奏折文章来，面无表情，偶尔还念错字；一说起段子，个个眉飞色舞，喜笑颜开。有需求便有生产，于是明朝的色情文学非常发达。

有需求还得有人写，有没有呢？

有，自从野兽似的朱棣砍死著名大儒方孝孺等800多读书人之后，读书人再也不敢研究政治理学了，再也不敢说政治不正确了。

明代工商业发达，出版印刷业更先进。书商们非常了解市场的需求，所以就高薪聘请读书人写书。那些搞不定八股的读书人总不能闲着无事，所以就写色情小说，也好卖个畅销书，发点小财，娱乐一下大众，同时自娱自乐。有责任感的作家，在反映和揭露现实的同时，也在作品中寄寓劝诫。

当时明朝最畅销的书就是色情小说，而且印刷量特别大。如果从阅读理论的角度来说，明朝有中国历史上最成熟的畅销书市场，也有最成熟的读者。因为真正意义上的阅读是阅读虚构类的文艺小说。有些人说自己读了好多书，其实只是读了教科书而已。包括学术书，那不叫读书。真正有品位的读者，是读小说。

明朝小说不仅是我国古典文学的高峰，也是色情文学的顶峰。描写市井生活的《金瓶梅》就是色情文学的巅峰，其性描写已经达到前无古人的程度。其他诸如《隋炀帝艳史》《如意君传》《情史》《剪灯新话》《欢喜冤家》《宜春香质》等等，以及冯梦龙的名著《三言二拍》，都有露骨的描写。这些小说正好满足了许多无所事事的官员和无聊空虚的官N代、富N代纨绔子弟在文学上的需求。当然，对于市井小民也很有吸引力，因为“床笫之欢”最切中人性的欲望和要害。

《金瓶梅》作者署名兰陵笑笑生，表面是写宋朝的事，实际是写明朝的肉欲。其大段大段的有关性描写，反映了明代社会的醉生梦死和追求变态的快感，也说明当时社会道德底线的全面沦陷和社会日益狡诈、欺骗、麻木、虚无和无责任感，揭露了明代政治的腐败透顶和官场的黑暗无底，也反映了女性在当时社会的无助感和不可逃脱的悲惨命运以及多重凌辱下的肉体压迫。

《隋炀帝艳史》虽写的是隋炀帝淫荡无耻的糜烂生活，但实际是影射明朝皇帝的荒淫和荒废国事。在炀帝千奇百怪的性爱方式之中，寄寓了作者对于明朝政治的警喻。

明代春宫画也非常流行。春宫画以它的直观性、生动性，以及画面的清晰性，势头高过小说。据荷兰职业外交官、汉学家高罗佩（1910—1967，娶张之洞外孙女、名媛水世芳为妻）考证，明朝的春宫画采用五色套印。超过现在出书常用的四色印刷的水平，几乎没有任何色差。技术之神妙高明，画面之精美绝伦，令观者目瞪口呆。

世界上有两样东西最能消磨人的意志：金钱和肉欲。有钱能使鬼推磨，再硬的意志，在金钱面前也容易软下来。当整个社会都以金钱来衡量人是否成功的时候，不仅个人危险，社会也十分危险。明末清末，天下唯钱是论，人们唯利是图，拜金主义横行，终致覆亡。孙子说的三十六计，唯有美人计，屡试不爽。再大的官，一个美人便可搞定。肉欲令官员乖乖拜倒在石榴裙下，甚至共享情妇也无所谓。色情文学也常劝诫说："二八佳人体如酥，腰间伏剑斩愚夫。分明不见人头落，暗里教君髓骨枯。"可惜人性的弱点，常使人们栽在女色上。因此，社会过度强调这两样东西，则使人们不择手段地去搞钱，整个社会完全金钱化和肉欲化，社会腐化堕落乃至衰亡便不可避免。

夕阳无限好，只是近黄昏。明朝到了崇祯皇帝朱由检继位，从他木匠皇帝哥哥朱由校手里接下的大明帝国，是一个大烂摊子。朱由检虽有所作为，但无奈亡羊补牢，为时已晚；膏肓之疾，不可救药。碰巧那年陕西大旱，政府无力救济，只能人吃人肉，李自成揭竿而起，敲响了大明帝国的丧钟。

当李自成的起义军兵临皇宫时，文武大臣们没有几个能拿得出好主意解决死到临头的危机。官员们的责任感和精神力，早已在帝国多年的政治腐化和肉欲横流中丧失殆尽。走投无路的大明帝国皇帝明思宗朱由检，只得在景山上的一棵槐树下上吊，并遗言："勿伤朕百姓！"

崇祯皇帝的悲剧，并非个人造成，虽励精图治，亦无力回天；虽勤政爱民，亦无可挽救，实因明朝中后期，官员腐败，政治堕落，组织涣散，社会风气腐化，沉迷于色欲。《金瓶梅》里西门庆家族的覆亡，正是起于肉欲，败于淫乱。混乱的性关系不仅耗尽了西门庆本人的精力，也埋葬了他的家族。实际上《金瓶梅》里的腐化社会和糜烂肉欲，揭示了明亡的内在因素：政治腐败和色欲横流，二者终结了大明王朝。

大贪官和珅上吊史

嘉庆四年（1799）正月十八日，刑部官员在和珅自尽[①]的衣带中，获得一首诗：

五十年前幻梦真，今朝撒手撇红尘。
他时睢口安澜日，记取香烟是后身。[②]

刑部官员们并不惊讶，读完，心里一声彼此听不见的轻叹。此前他们已读过和珅在刑部狱中写的诗：

夜色明如许，嗟予困不伸。百年原是梦，卅载枉劳神。
室暗难挨暮，墙高不见春。星辰环冷月，缧绁泣孤臣。
对景伤前事，怀才误此身。余生料无几，辜负九重仁。
今夕是何夕？元宵又一春。可怜此月夜，分外照愁人。

---

① 《仁宗睿皇帝实录》（一），北京：中华书局，1986 年。嘉庆四年正月初八（丁卯）："革大学士和珅，户部尚书福长安职，下狱治罪。"（卷三七，第四一八页）嘉庆四年正月十八（丁丑），上谕内阁："和珅著加恩赐令自尽。并著监提福长安，前往和珅监所，跪视和珅自尽。"（卷三八，第四三三页）嘉庆四年正月十九（戊寅），上谕内阁："昨经降旨将和珅罪状明白宣示，据大学士、九卿等会同定拟具奏，已将和珅赐令自尽矣。"（卷三八，第四三四页）

② （清）梁章钜《浪迹丛谈 续谈 三谈》，陈铁民点校，卷六《睢工神》，第九七页，北京：中华书局，1981 年。

思与更俱永，恩随节共断。圣明幽隐烛，缧绁有孤臣[①]。

刑部官员要做的就是将和珅的自尽诗奏闻嘉庆皇帝。

嘉庆看后，在和珅的诗后，朱批：

小有才，未闻君子之大道也。

这句话典出《孟子·尽心》：

盆成括仕于齐，孟子曰："死矣，盆成括！"盆成括见杀，门人问曰："夫子何以知其将见杀？"曰："其为人也，小有才，未闻君子之大道也，则足以杀其躯而已矣。"[②]

和珅"对景伤前事，怀才误此身"，五十年前的幻梦如何成真？三十年来又是如何枉劳神？

乾隆十四年（1759），和珅出生在一个三等轻车都尉世职家庭，其父常保，官至福建副都统。和珅父亲虽为高级将领，但家里并不宽裕，花销又大，故而常常带着家仆刘全，四处借钱度日，感受到世态炎凉，人情冷暖。这样的艰难经历，使和珅对于钱财有刻骨铭心的记忆和体验，也对不辞劳苦、不顾体面地随他求告的刘全心存感激。大富大贵之后，让刘全也随之发财，拥巨资二

① （清）梁章钜《浪迹丛谈 续谈 三谈》，卷六《睢工神》，第97页。前六句据梁章钜讲："余记得嘉庆初在京，日阅邸抄，是时和珅初伏法。先是拿问入狱时，做诗六韵云：……"据查山光曰："予家旧藏乾嘉间两朝邸抄，有嘉庆四年正月十八日，前大学士和珅伏法事。先是十一日拿问进刑部狱，在狱中做诗六韵云：……"和珅在元宵夜又写了诗，即后四句，在此补在前六句后面。

② （宋）朱熹《四书章句集注·孟子集注》（下），卷第十四，第468页。

十多万，住的房子也“逾越体制”。

乾隆时代，八旗旗人，开支日大，物价亦涨，平时又不善营生，所出甚多，所入甚少，旗人贫乏问题日益突出。乾隆元年（1735）的上谕说：

> 八旗从前风俗，最为近古。迨承平日久，生齿日繁，渐及侈靡。如服官外省，奉差收税，即恣意花销，亏帑犯法，亲戚朋侪牵连困顿，而兵丁间散惟知鲜衣美食，荡费成风，旗人贫乏，率由于此。朕即位以来，轸[1]念伊等生计艰难，优䘏[2]备至，其亏空钱粮，令部奏免；入官之坟茔地亩，已令给还；革退之世职，亦令查明请旨。无非欲令其家给人足，返朴还淳。旷典不可数邀，旗人等宜深思猛省，自为室家之谋。如但冀朝廷格外之赏，以供其挥霍，济其穷困，有是理乎[3]？

旗人生计问题日益严峻，如曹雪芹家族，自其祖、父曾任江宁织造，雍正时被抄家，至乾隆初年一度“三春犹及初春景”，但后面终趋衰落，曹雪芹到了“举家食粥”的地步，这在当时旗人里并非个案，旗人恭阿拉“家素贫乏”，曾经“负贩于外，以佣钱养亲”[4]。

为广开旗人生计之路，清朝准许旗人参加科举考试。和珅亦走上这条读书科举大道。后来在乾隆皇帝面前，能将《论语》对答如流及他写得一手好字，说明他少年时代受过良好的教育和也曾

---

① Zhěn，悲痛。

② 通“恤”。

③ （清）王庆云《石渠余纪》，卷四《纪旗人生计》，第198页，北京：北京古籍出版社，1985年。

④ 昭梿《啸亭续录》卷四，第495页。

很用心地读过书。

10岁左右，读过几年私塾的和珅带领其弟和琳，第一次来到了位于西华门内的咸安宫官学。

咸安宫官学是一所内务府学校，设立于雍正六年（1728），主要招收内务府、八旗的子弟。在这里，和珅兄弟俩每天可以各得到粗老米一升一合，肉一斤，煤一斤一两，炭三两三钱，菜银五分[①]。从此过上了衣食稍安的官学生生活。

这里的老师大多是翰林，他们的学问通常连皇帝都认可，而且都是过五关斩六将通过科举考试的进士。因此，这些老师不但学问优长，而且考试经验丰富。和珅的勤奋和文笔得到了老师吴省兰、李光云的赞赏。吴省兰尤其看重和珅。然而不无讽刺的是，吴省兰在翰林大考中考得第一，而主持考试的翰林院掌院学士正是他的学生和珅。按照科举规矩，老师吴省兰却成了学生和珅的门生，反称和珅为老师。吴省兰与其兄吴省钦皆得和珅的重用，兄弟俩多次提督学政，典乡会试，屡掌衡文，一时士人多出其门下。和珅亦将兄弟俩视为心腹，以致嘉庆皇帝在上谕中批评吴省钦说："伊自揣系和珅私人，且在学政任内，声名甚属平常。"[②]

在学习期间，和珅娶亲，其妻是内务府大臣英廉的孙女冯氏。那时候是乾隆三十二年（1767），和珅18岁。和珅虽然姬妾成群，但对患难与共的结发之妻，颇有感情。冯氏在嘉庆三年（1798）二月去世后，和珅伤感不已，写下了这样的悲情诗句：

今日我哭伊，他年谁送我？

---

① 《光绪大清会典》卷一千二百，见陈金陵《洪亮吉评传》，第173页，北京：中国人民大学出版社，1995年。

② 《仁宗睿皇帝实录》（一），卷三七，第426页。

其情感之细、才情之凄，与苏东坡之“十年生死两茫茫，不思量，自难忘”有异曲同工之妙，在感情上似乎还要悲伤一些。

和珅在咸安宫官学获得生员资格，生员就是文秀才[1]，这意味着可以考举人了。

乾隆三十五年（1770），和珅参加了顺天乡试，结果名落孙山。和珅虽非科举出身，但发迹之后，屡掌文衡，多次担任阅卷大臣，教习翰林院庶吉士。

乾隆三十四年（1769），和珅之父常保去世，作为长子，他继承了三等轻车都尉的世职。后来在内务府上虞备用处[2]找到一份工作，充当拜唐阿[3]，主要负责准备皇帝出行仪仗之类的事务。这是和珅第一次出任差职，开始了人生新的一页。和珅在狱中写“卅载枉劳神”诗句，正是从1769年初出茅庐算起，到嘉庆四年（1799）正好三十年。看来当时，和珅颇有抱负，想干出点名堂，虽不能确定那时候和珅是否有雄心壮志，但至少可以肯定，和珅走出了如梦似幻般的人生第一步。

这个差事虽然平常，但是经常能看到皇帝。俗话说，给宰相看门的都了不得，更何况是给皇帝执事的。接近皇帝的机会虽不说千载难逢，但是能见到皇帝却是极其难得的机会。

一些笔记记载了和珅与乾隆皇帝相识的故事，正史之所以不录，这样的事情为写史法则所限，不合体例，且微不足道，为替乾隆避讳故隐而不录。但这并不意味着稗官野史全无实据。所谓无风不起浪，无中生有，也得有痕迹；而这微微的一道痕迹，有可能就是历史的某个侧面。

---

① （清）梁章钜《浪迹丛谈 续谈 三谈》，陈铁民点校，卷四《武生武举》说：文秀才称生员，武秀才则只称武生。第六二页，北京：中华书局，1981年。

② 这个机构是专门负责皇帝巡狩时扶车、擎黄盖、捕鱼、抓鸟雀之事，请参见昭梿《啸亭续录》，卷一，第394页。

③ 满语，执事人。

乾隆皇帝常出巡，他曾六下江南、木兰秋狝、盛京谒陵等等。所以乾隆出行是家常便饭，说出就出，十分仓促，准备仪仗的人常常手忙脚乱。

一天，乾隆皇帝要出宫，舆驾备齐，却无皇帝专用的大黄盖头，内务府派人到处找黄盖，却找不着。乾隆颇为不悦，内务府大臣、侍卫们纷纷跪下，大气不敢出。

乾隆发话："是谁之过欤？"

内务府一干人等瞠目结舌，面面相觑，不知所云，更不知所措，可能压根儿没听懂乾隆在说什么，更不知这话典出《论语·季氏》。

孔子在这一篇里指出，季氏攻打别国，是辅佐季氏的冉有、季路没有尽到应尽之责任，"危而不持，颠而不扶，则将焉用彼相矣！且尔言过矣，虎兕出于柙，龟玉毁于椟中，是谁之过欤？"[①]

乾隆的意思是负责黄盖的人没有尽到职责，以致找不着，因而引用孔子的原话。说实话，不读《论语》，还真不知道乾隆在"过欤（锅鱼）"什么呢。

只听一个清亮声音回答说："爷谓典守者不得辞其责！"

当时满人的传统，叫皇帝为"爷"。

乾隆循声看去，见回话者"仪度俊雅"，颇有似曾相识燕归来的感觉[②]，疑似玉人天上来，更吃惊的是，回答者竟然能明白他出典的意思。

乾隆："若辈中安得有此解人？"

意思就是，你们这些人当中竟然有如此明白人。素来内务府当

---

① （宋）朱熹《四书章句集注·论语集注》（上），卷第八，第221页。

② 有一种说法，和珅长相俊美清秀，与乾隆曾经"喜欢"过的皇宫中某个已经去世的皇妃很像，而且神似。据说该妃子被赐死后，乾隆在灵前痛哭说：都是我害了你，如果你我有缘，二十年后再相逢。这种说法尚需更多的材料支撑。

差的包衣（仆从）当中，文盲居多，有文化的是鹤立鸡群，有文化而又反应快、应对承旨的更是凤毛麟角，而兼长相俊雅、气度不凡的更是百年难逢。

乾隆和颜悦色地问："汝读《论语》乎？"

和珅答："然。"

乾隆："汝何名？何旗之人？是何出身？"

和珅答："回爷的话，奴才叫和珅，正红旗人，官学生[①]。"

以上是根据薛福成《庸盦笔记》里的记载，还有一个版本是陈康祺在《郎潜纪闻》的记录：

某日，乾隆在宫外乘舆中阅读边报。

有人启奏说，朝廷某要犯逃脱。

乾隆微怒道："虎兕出于柙。"

众侍卫瞠目结舌，如听天书，莫名其妙，相互问皇帝说的是啥话？唯独和珅知道乾隆这话是《论语》里的原话。

和珅说："爷谓典守者不得辞其责耳[②]。"

乾隆一听，好家伙，还真了不得，这群侍卫里面还有此等人物。下面的就和上面的版本差不多了，乾隆如遇知音，问长问短，和珅由此青云直上。

---

① 萧一山《清代通史》卷中，第209页。又见《贪官污吏传·和珅》，第6、7页，《梼杌近志·入相奇缘》，第179页。

② （清）陈康祺《郎潜纪闻初笔》（中华书局，1984年版）卷四，第八八页，《和珅蒙恩眷之缘》载："乾隆朝，故相和珅，贵为首辅，爵封上公，子尚公主，凡一切龙褂、紫缰、双翎、宝顶，茂典殊荣，靡不崇备。本朝八旗大臣中，宠眷罕有其伦。闻其始特銮仪卫一校尉。一日，警跸出宫，上偶于舆中阅边报，有奏要犯逃脱者，上微怒，诵《论语》'虎兕出于柙'三语。扈从诸校尉及期门羽林之属，咸愕眙，互询天语云何？和珅独曰：'爷谓典守者不得辞其责耳。'凡内臣称上皆曰老爷子，或曰佛爷。上为霁颜，问：'汝读《论语》乎？'对曰：'然。'又问家世年岁，奏对皆称旨。自是恩礼日隆，迁官多不次。和珅才敏给，遇事机牙肆应，尤善揣人主喜怒，以故高宗晚年倚毗益笃。设稍感激知遇，持盈保泰，移其封殖自利之谋，以协赞军国，其功名福泽，岂在郭汾阳（即郭子仪）下。后之懿亲戚畹，肺附国家者，鉴之哉，鉴之哉！"

这两个版本都有一个共同点，就是和珅说的那句明白话：典守者不得辞其责。因为一句有才的回话，和珅逐渐飞黄腾达。倘和珅是一个不知四书五经为何物的目不识丁者，即便是再怎么聪明，也只能和其他侍卫一样莫名其妙。可见，和珅的书没有白读，而且读得还相当有水平，理解得准确到位。

此后，乾隆就命和珅总管仪仗，从无差错，而且每每对答如流，甚是称职。

乾隆四十年（1775），皇帝命和珅在乾清门行走，这下离皇帝就更近了。当时乾隆“英明，执法严，珅务为恭谨以媚帝”[①]。不久提升为御前侍卫，兼副都统。

乾隆四十一年（1776）是27岁的和珅进入清朝中枢——军机处之年。这年正月授为户部右侍郎，三月命和珅在军机处行走，成为军机大臣，进入了权力核心。

和珅以他特有的揣摩才华，承旨书谕，最得乾隆之意。27岁的人，揣摩皇帝的学问已经到了出神入化的地步，乾隆发自内心地喜欢这么一个可爱的人。乾隆在处理贪官污吏方面，以毫不留情著称，唯独对于和珅，虽知其贪，但终其一生，并未办理和珅，反而对和珅恩宠不衰。今天所能看到的乾隆遗诏[②]，丝毫未提及和珅，显然是经过嘉庆确定后才发出的，自然不会提要求首辅大臣和珅等好好辅佐嗣皇帝之类的话。原来经和珅等撰进的遗诏很可能被烧掉了，试想和珅在嘉庆四年年仅50岁，正是年富力强之时，倘不是让他自尽，至少还得活一二十年。而终被赐死，一者可见其罪之大，其贪之甚，其势之大；也可见，嘉庆对其恨之入

① 黄鸿寿《清史纪事本末》，卷三十四，第247页，北京：北京图书馆出版社，2003年。

② 见孟森《清史讲义》，第319、321页。

骨，因而援引康熙杀鳌拜、雍正杀年羹尧 、乾隆杀讷亲之先例[①]，将最得乾隆之意的和珅赐令自尽。

自从乾隆四十一年（1776）三月，和珅成为军机大臣后，其官职差事荣典，一路高歌猛进，宛如芝麻开花节节高。四月总管内务府大臣，八月镶黄旗副都统，十一月国史馆副总裁，十二月总管内务府三旗官兵事务，紫禁城骑马，由正红旗抬入正黄旗，成了八旗里最贵的一旗的旗员，贵不可言。此后本兼各任过步军统领、崇文门税务监督[②]、总理行营事务、户部尚书、议政大臣、御前大臣兼都统、领侍卫内大臣、四库全书馆正总裁、理藩院尚书、钦差大臣、兵部尚书、管理户部三库、太子太保、经筵讲官、赐双眼花翎、国史馆正总裁、文源阁提举阁事、清字经馆总裁[③]、轻车都尉世职、一等男爵、吏部尚书、协办大学士兼管理户部、文华殿大学士、三等忠襄伯、赐紫缰、赐黄带四开禊[④]袍、石经正总裁、翰林院掌院学士、殿试读卷官、教习庶吉士、管理刑部以及一等忠襄公[⑤]。这一切都是在20岁到50岁期间完成的，难怪和珅说自己“辜负九重仁”。

这里面要提一下和珅当军机大臣以后，令他比较自豪的三件事情。

第一件就是乾隆四十五年（1780）夏五月，乾隆“赐和珅之子名丰绅殷德，指为十公主额驸”[⑥]。十公主是乾隆最宠爱的和孝固伦公主，这一指婚，更加提高了和珅的地位，31岁就和皇帝成

---

① 《仁宗睿皇帝实录》（一），卷三八，第432页。

② 肥缺，按规定是一年一换，和珅一当就是八年，这八年可把和珅给当发了。

③ 清字经馆就是用清文翻译佛经的地方，在西华门内，请参见昭梿《啸亭杂录》卷一，第385页。

④ xì，古人春秋两季在水边举行去除不祥的仪式。

⑤ 此官职不尽全面，仅据《清史稿》罗列。具体加官晋爵时间请参见《清史稿·和珅传》，卷三百一十九，第10752页至第10755页。

⑥ 黄鸿寿《清史纪事本末》，卷三十四，第247页。

了亲家，是一种让和珅心花怒放的狂喜和无与伦比的荣宠。

第二件就是乾隆四十九年（1784）秋七月，授为协办大学士、吏部尚书，正式拜相，时年35岁。35岁就拜相，换作其他人不知要奋斗多少年。

第三件就是乾隆五十一年（1786），在遭遇御史曹锡宝“弹劾和珅家人刘全，衣服、车马、房屋逾制”的背景下，秋闰七月，和珅反升为文华殿大学士，可谓官至极品，位极人臣，正是春风得意马疾驰，时年37岁。乾隆如此恩宠，其他朝臣，不服不行。就连嘉庆皇帝都不得不服，他虽为皇帝，但权力还掌握在太上皇手里，所以大多时候他只能沉默，连话都插不上。直到乾隆驾崩之后，嘉庆皇帝才像火山一样爆发，十天之内，就把和珅收拾得干干净净，最后赏给一条白布带。总之，乾隆生则和珅生，乾隆死则和珅死。

和珅的后三十年，不仅是官运亨通的三十年，也是财源广进的三十年。一边升官，一边发财。马无夜草不肥，人无横财不富，和珅发的还不是一般的横财，简直是富可敌国。和珅家财，“殆不下八万万两”，也就是不下8亿两银子，当时清政府“岁入七千万”，和珅的家产相当于国家“二十年岁入之半额而强”①。“军机大臣和珅当政二十余年，嘉庆时查抄其家私，估银约八亿两，超过乾隆年间所耗军费的八倍”②。下面这个具体的和珅财产表更让人叹为观止。

---

① 萧一山《清代通史》，卷中，第267页。《梼杌近志·和珅之家财》，第181页说：“政府岁入七千万，而和珅以二十年之宰相，其所蓄当一国二十年岁入之半额而强。”

② 翦伯赞主编《中国史纲要》（修订本下册），第295页，北京：人民出版社，1995年。

和珅财产表①

财产	数量
正屋一所	13 进 72 间
东屋一所	7 进 38 间
西屋一所	7 进 33 间
徽式屋一所	62 间
花园	1 所
花园里楼台	42 所
东屋侧室一所	52 间
钦赐花园	1 所
钦赐花园里楼台	64 座
钦赐花园里四角楼、更楼	12 座
钦赐花园里更夫	120 名
杂房	120 余间
古铜鼎	22 座
汉铜鼎	11 座
端砚	700 余方
玉鼎	18 座
宋砚	11 方
玉磬	28 架
古剑	10 把

① 据嘉庆四年正月十七日上谕：和珅家产共一百零九号，内有八十三号尚未估价，已估者二十六号，合算共计银：二万二千三百八十九万五千一百六十两（223，895，160）。这个上谕《仁宗实录》未载，《东华续录》亦未录，见萧一山《清代通史》，卷中，第二六七页。又见《梼杌近志·和珅之家财》，第 181 页。和珅的家产清单，萧一山先生亦是采录晚清人薛福成《庸盦笔记》卷三所列的和珅家产清单。

续表

财产	数量
大自鸣钟[①]	19 座
小自鸣钟	19 座
洋表	100 余个
大东珠	60 余颗，每颗 10 两
珍珠十八颗手串	226 串
珍珠珠数	18 盘
大红宝石	180 余块
小红宝石	980 余块
蓝宝石	大小共 4070 块
宝石数珠	1008 盘
珊瑚数珠	373 盘
蜜蜡数珠	13 盘
宝石珊瑚帽顶	236 个
玉马两匹	高 1 尺 2 寸，长 4 尺
珊瑚树十棵	高 3 尺 8 寸
白玉观音	1 尊
汉玉罗汉十八尊	长 1 尺 2 寸
金罗汉十八尊	长 1 尺 8 寸
白玉九如意	387 个
玭（pín，蚌的珠）玺大燕碗	99 个
白玉汤碗	154 个
白玉酒杯	120 个
金碗碟三十二棹（zhào，桨；zhuō，木名）	4288 件

① 当时人礼亲王昭梿说：“近日泰西氏所造自鸣钟表，制造奇邪，来自粤东，士大夫争购，家置一座以为玩具。纯皇帝（即乾隆皇帝）恶其淫巧，尝禁其入贡，然至今未能尽绝也。”见昭梿《啸亭续录》，卷三，第 468 页。

续表

财产	数量
银碗碟	4288 件
嵌玉如意	1601 个
嵌玉九如意	1018 个
水晶酒盅	123 个
金镶玉簪	500 副
整玉如意	120 余枚
金镶象箸	500 副
白玉大冰盘	25 个
玭玺大冰盘	18 个
白玉烟壶	800 余个
玭玺烟壶	300 余个
玛瑙烟壶	100 余个
汉玉烟壶	100 余个
白玉唾盂	200 余个
金唾盂	120 个
银唾盂	600 余个
金面盆	53 个
银面盆	83 个
镶金八宝炕屏	40 架
镂金八宝大屏	23 架
镶金炕屏	24 架
镶金炕床	20 架
四季夹单纱帐	全
老金缕丝床帐	6 顶
镶金八宝炕床	120 架
嵌金玻璃炕床	32 架
金珠翠宝首饰	大小共计 28000 件

续表

财产	数量
金元宝一千个	每个重 100 两，计银 1500000 两
银元宝一千个	每个重 100 两
赤金五百八十万两	估银 17000000 两
生沙金两百万余两	估银 18000000 两
元宝银	9400000 两
洋钱五万八千元	估银 40600 两
制钱（即铜钱）一千五十五串	估银 1500 两
当铺七十五座	查本银 30000000 两
银号四十二座	查本银 40000000 两
古玩铺十三座	查本银 200000 两
玉器库两间	估银 700000 两
绸缎库两间	估银 800000 两
洋货库	2 间
洋货库五色大呢	800 板
洋货库鸳鸯	110 板
洋货库五色羽缎	600 余板
洋货库五色哔叽	200 余板
皮张库	1 间
皮张库元狐	12 张
皮张库各色狐	1500 张
皮张库貂皮	800 余张
皮张库杂皮	56000 张
瓷器库一间	估银 10000 两
锡器库一间	共估银 64137 两
珍馐库	16 间
铁黎紫檀器库六间	8600 余件
玻璃器皿库一间	800 余件

续表

财产	数量
药材房一间	估银5000两
人参六百八十余两	估银270000两
貂皮女衣	611件
貂皮男衣	806件
杂皮男衣	806件
杂皮女衣	437件
棉夹单纱男衣	3208件
棉夹单纱女衣	2108件
貂帽	54顶
貂蟒袍	37件
貂褂	48件
貂靴	120双
地亩八千余顷	估银8000000两

资料来源：萧一山《清代通史》，卷中，第264～266页，北京：中华书局，1986年。

和珅“贪求财物，皇皇如不及”，督抚司道官员怕他陷害，求个平安或从中取利，纷纷奔走在和珅权门，故而和珅家门庭若市。每次和珅出门值军机处办事，总有一些官员立在他家门前的胡同路左，争先唯恐落后，奉承和珅，当时叫做补子胡同。有人写诗说：

绣衣成巷接公衙，曲曲弯弯路不差。
莫笑此间街道窄，有门能达相公家①。

① 萧一山《清代通史》，卷中，第210页。

与和珅同时代的人礼亲王昭梿，在一则笔记里讲了一个奔走和珅权门的县令的笑柄。和珅权盛时，凡入都谒选之人，争以谒见和中堂为荣。某县令为了在同年面前夸耀见过和珅，便花两千金买通和珅家看门人。当和珅回来时，他就恭敬地呈上手板，上面写有自己的官职姓名。和珅看了一眼，呵斥道："县令是何虫豸[①]！亦来叩见耶[②]?!"

乾隆时代处决的贪官督抚如国泰、王亶望、陈辉祖、福嵩、伍拉纳、浦霖等人无不交结和珅，他们本想以和珅为外援，而和珅亦无能为力，这些人倒了，和珅仍为不倒翁。很多官员为了自我保全，不得不贪剥属吏小民以取悦于和珅。晚清薛福成分析说："非其时人性独贪也，盖有在内隐为驱迫，使不得不贪者也。"[③]

当时阿桂是首相，领班军机大臣，乾隆知其与和珅不和，于是常年调他在外办事，席不暇暖。和珅得以掌控权柄，行文各省，凡有奏折，并具副封，先白军机处，于是"专政既久，吏风益坏，酿成川楚教匪之变。和珅复任意稽压军报，并令各路统军将帅，虚张功绩，以邀奖叙，而和珅亦得晋封公爵；且于核算报销，勒索重贿，以致将帅不能不侵克军饷，教匪且愈剿愈多，几至不可收拾。盖至乾隆末年，而康雍乾三朝之元气，殆尽斫丧于彼一人之手矣"。[④]

---

① zhì，没有脚的虫子。
② 昭梿《啸亭续录》卷三，第439页。
③ 萧一山《清代通史》，卷中，第211页。
④ 《梼杌近志·入相奇缘》，第180页。

和珅与乾隆的性格有相似之处，都喜欢开玩笑，好谈市井谑[①]语。有人认为，和珅和北宋宰相章惇在这一点上很相似，章惇好为市井之谈，以取媚宋神宗。上有所好，下便趋之若鹜。

和孝固伦公主是乾隆最宠爱的公主，下嫁和珅之子丰绅殷德。公主还没出嫁时就叫和珅丈人，因为公主“少时衣冠做男子状”[②]，也就是说喜欢女扮男装。一日，乾隆和公主游同乐园之买卖街，和珅随行。公主看到一件大红夹衣很喜欢，便嚷着要乾隆买。乾隆开玩笑说：“可向汝丈人索之。”和珅立马掏出28金埋单，将大红夹衣送给和孝公主[③]。看来乾隆亦知和珅是财神爷。

和珅开玩笑亦不落一个贪字。先是在乾清宫彩排礼仪，参加排练的王公、大臣多是俊雅清秀之人，看上去很美。和珅笑嘻嘻地说：“今日如孙（武）子教演女儿兵矣。”后来，安南进贡金座狮象，里面是空的。和珅惊诧地说：“惜其中空虚，不然可多得黄金无算也。”安南的官员听了讪笑[④]。和珅可谓三句不离本行。

大学士孙士毅从安南回来入觐，在宫门等候乾隆召见，正好与和珅相逢：

和珅：公所持何物？

---

① xuè，开玩笑。有一个事例可以说明乾隆喜欢开玩笑。乾隆名臣方观承个子不高，但圣眷颇隆，时任直隶总督，正值乾隆在古北口阅兵这样的国家盛典。所以，方观承请求乾隆赏赐花翎。按照国初定制，外任文臣不赏赐花翎。乾隆皇帝笑曰：“若尔侏儒状，亦爱花翎耶？”意思是，像你这样的侏儒样子也爱花翎啊。乾隆开完玩笑后，赏赐花翎给方观承。见昭梿《啸亭续录》卷一，第383页。《梼杌近志·外臣赐花翎》，第184页。该书评论说：方观承以直隶总督之尊，请赏花翎，可见当时大臣柔媚无气节；乾隆竟然以调侃之词调侃大臣是侏儒，“亦可见清高宗之骄泰无礼”。

② 此处公主做男子状据姚元之《竹叶亭杂记》第46页。又昭梿《啸亭续录》卷五《和孝公主》：和孝公主是乾隆最幼女，上甚钟爱，以其貌像乾隆自己。曾经说，如果公主是皇子，必立为皇储。公主性格刚毅，能挽十力弓，“少尝男装随上较猎”。见第515页。

③ （清）姚元之《竹叶亭杂记》，李解民点校，卷二，第46页，北京：中华书局，1982年。

④ 《梼杌近志·和珅善谑》，第183页。该书评论道，和珅气量之浅隘如此，虽位极人臣，但殊乏大臣体度。

孙士毅：一鼻烟壶。

和珅拿来一看，见上面嵌有明珠一颗，大如雀蛋。和珅赞不绝口，爱不释手。

和珅：以此见惠，可乎？

孙士毅：已经奏闻皇上了，一会就要进呈，奈何？

和珅微微讥笑：与公戏耳，公何见小若是[①]。

过了几天，孙士毅在军机处再逢和珅。和珅对他说，昨天我也得到一个珠壶，不知道能不能比得上你进呈的那个？孙士毅一看，和珅手上拿着的，正是前日自己进奉皇帝的。孙士毅还以为是大内转给和珅的，暗中查问，实无其事。后来才知道，和珅出入宫禁，遇到喜欢的东西，不用关白，直接拿走就是了，看来乾隆对其宠信非同一般[②]。

一日，七阿哥将乾隆最喜爱的碧玉盘打碎了，急得不得了，于是和老弟成亲王永瑆商量怎么办，成亲王说：何不求和珅？于是兄弟俩一起来见和珅。和珅很为难地说：此物岂是人间所有，我也没办法啊。七阿哥听了这话，害怕得不得了，竟然失声哭了起来。成亲王知道和珅的意思，与和珅到一偏僻处，耳语良久。和珅答应帮忙。第二日，在某处相见，和珅拿出一玉盘，色泽比打碎的那个还要上乘。其时"四方进物，上者先入珅第，次者始入宫也"[③]。

江南吴县有个珠宝商人叫石远梅，经常带一小匣子，里面用帛包好，藏一赤金丸。打开丸子，里藏宝珠，重的值两万金，轻点

---

① 《贪官污吏传·和珅》，第8页。

② 当然这个故事不一定准确，因为孙士毅亦与和珅交结情密，亦多有赠送。嘉庆皇帝在宣布和珅罪状中有和珅出入宫禁，所用之物，较大内胜。以此事附会其罪，亦未可知。其时，孙士毅已病故，嘉庆皇帝后在上谕里将孙士毅之子罢斥，参见《仁宗睿皇帝实录》（一）。

③ 《贪官污吏传·和珅》，第9页。

的值万金，最轻的还值八千金。当时有人想买，但石远梅不卖，预备献给和中堂。原来和珅每天早上起来，都要吃几颗新宝珠。因为宝珠明目，但旧宝珠或者穿过孔的宝珠吃了无效，所以和珅心窍通明，过目不忘，记忆力特好。虽然每天事务繁多，但和珅办事很少遗忘[①]。和珅患腿疾[②]，每日用貂皮包膝盖，故其家中设有皮张库，以储存各地送来的皮毛张。

和珅虽富甲天下，但还是精打细算。知道来之不易，所以格外珍惜。出入金银，无不亲自盘算称量；家中开支，舍不得用私财，由下官承办。和珅往往于灯下无人时，私自悬挂正珠朝珠。这珠子可不是乱戴的，是皇帝专用的乘舆珍物；然后“临镜徘徊，对影谈笑，其语言声息甚低，即家人亦不得闻悉”。[③] 和珅的金银库及珠玉柜的账簿，分别由四个叫做香莲、蕙芳、卢八儿、云香的美女掌管，再让太监罗玉一年查账簿一次[④]。看来和珅不但懂管理，而且“爱财”的品位也是相当高，光这管账的女子的名字就知道和珅理财理得不是一般的高雅。

和珅如此“以聚敛自丰为唯一之目的”[⑤]，灯火楼台，烜赫一时，难道无人窥盛极而衰？权势熏天，不可一世，难道无人敢撄其锋芒？

和珅盛时，其子丰绅殷德“倚仗父势，颇为骄纵”，其妻和孝公主说：

> 汝翁受皇父厚德，毫无报称，惟贿日彰，吾代为汝

---

① 萧一山《清代通史》，卷中，第212页。

② 一种足发软的风湿病，不耐行走。

③ 萧一山《清代通史》，卷中，第268页。

④ （清）梁章钜《归田琐记》，于亦时校点，卷五《和珅》，第103页，北京：中华书局，1981年。

⑤ 黄鸿寿《清史纪事本末》，卷三十四，第247页。

忧！他日恐身家不保，吾必遭汝累矣[①]！

一日积雪很厚，丰绅殷德拿着锸子，做插雪游戏，和孝公主责备说：你已经超过20岁了，还做痴童游戏吗？

丰绅殷德在公主的教导下，变得非常低调，亦为其父“担忧”，于是一意读书，雅好吟诗，学习养生之道。和珅自尽后，丰绅殷德“布衣箬笠，往来古庙中，人几忘为和氏子”[②]。丰绅殷德死后，和孝公主“持家政十余年，内外严肃，赖以小康”[③]。道光三年（1823年）去世，道光皇帝还亲临祭奠。

和珅的家人刘全，小时候为人拿鞭子，家里非常贫困，冬天只有单衫穿，冻得直打战。后来遇上一样穷困不堪的和珅，相见恨晚。和珅大贵后，刘全亦拥有房子一百多间，很多从前看不起他的官员，亦以结交刘全为荣，千方百计地讨好他。当时某喜欢线量美人的户部侍郎都与他联谊[④]。“士大夫不肖者，争与之结姻眷。”刘全的母亲很贤惠，经常告诫刘全，[⑤] 每天吃饭一定要吃腐豉[⑥]，她提醒刘全说：

昔日思此而不易得，今虽豪富，敢忘旧日境况耶[⑦]？

---

① 昭梿《啸亭续录》，卷五《和孝公主》，第515页。丰绅殷德1774年出生，嘉庆十五年（1810）卒，终年36岁，其父死后的几年里，受人嘲笑，世态炎凉，写了一首《青蝇赋》，表达忧馋畏讥的思想。在嘉庆七年被公主府长史奎福诬告“丰绅殷德演习武艺，谋为不轨，欲害公主”（《清史稿·丰绅殷德传》，第10758页），因此被圈禁。嘉庆十年，授头等侍卫，副都统，赐伯爵。有女无子。

② 萧一山《清代通史》，卷中，第269页。

③ 昭梿《啸亭续录》，卷五《和孝公主》，第515页。

④ 昭梿《啸亭杂录》卷九，第278页，又见《梼杌近志·线量美人》，第184页。

⑤ 刘母还说：我性与腐豉相近，不敢妄希厚味。见萧一山《清代通史》，卷中，第269页。

⑥ chǐ。

⑦ 昭梿《啸亭续录》，卷三《刘全母》，第441页。

时人说：“和珅有愧于子，刘全有愧于母。”

和珅贫困时，有个叫郭大昌的人，雪中送炭，资助和珅数百金；和珅富贵后，派家人刘全带了贵重礼物去感谢郭大昌。郭大昌对刘全说：

> 吾始谓若（你）主济世才，今招权纳贿，……流毒生民。若主仆旦夕且无死所，毋累我[①]!

嘉庆三年（1798）春，和珅妻亡[②]，在朝阳门外出殡，当时“王公大臣无不往送”，《啸亭杂录》的作者礼亲王昭梿也从众而行。当时人很多，车马塞道，便在一个姓苗的农家吃饭，苗夫人就对昭梿说：

> 观君容止，必非不智者。今和相骄溢已极，祸不旋踵，奈何趋此势利之途，以自伤其品也[③]!

昭梿脸红而退，还没一年，和珅果然败，应了苗夫人之言，昭梿感叹：

> 嗟夫！当和相擅权时，一时贵位无不仰其鼻息，视之如泰山之安，初欲终身以赖之者，乃其智反不若一村妇识也[④]。

---

① 萧一山《清代通史》，卷中，第270页。

② 昭梿《啸亭杂录》，卷十，第352页。萧一山先生在《清代通史》，卷中，第270页说是乾隆戊午，似有误；昭梿原文是“嘉庆戊午春，和相妻死”。

③ 昭梿《啸亭杂录》卷十，第352页。

④ 同上注。

武英殿大学士阿桂[①]向来不大答理和珅，总是与和珅保持一定距离。和珅想和他套套近乎，阿桂总是漫不经心，亦心知皇帝待和珅很好，自然不敢多言。

乾隆四十六年（1781），乾隆命和珅为钦差大臣，偕大学士阿桂去平叛。阿桂不想和他一路，借故让他先行。和珅到时，乾隆名将、领侍卫内大臣海兰察已经打了胜仗。和珅依然督促诸将进攻，结果总兵图钦保战死，但和珅并没有上报。过了几日，阿桂来了。和珅说，此次失败是因为诸将不听调遣，该不该诛？阿桂说，该诛。第二天，一块部署战事，阿桂一指挥，就灵了，诸将无不听候调遣，无敢怠慢之人。阿桂就问和珅：没有见各位将军中有怠慢的，该诛谁？和珅哑口无言，心里火冒三丈。

其时乾隆下诏，申斥了一下和珅，说他将图钦保死事隐匿不报，并且说海兰察随阿桂多年，易受节制，阿桂一到才有条理，和珅在，反而事权不归一，速速回京。和珅从此对阿桂怀恨在心，两人终生不和[②]，对海兰察不听他这个钦差大臣的话也“怀恨在心”。

后来，海兰察回京，和珅在乾隆面前揭露海兰察收受皮张等

---

① 其时阿桂是首揆，但是阿桂长期席不暇暖，常常领兵在外或视察各地河工以及办差，和珅则在御前承旨书谕，故权力看起来大，但准确的说是皇帝权力大，和珅只不过是传达皇帝的旨意，所以政事要经和珅。和珅承旨非常漂亮，记忆力又好，最能体会皇帝的口谕，所以深得乾隆信任。且和珅并非如一些影视作品所表演的那样，其人相当谨慎，但是又悉中体要，恰到好处；又了解皇帝心思，为人聪明至极，加之仪表堂堂，因而深得乾隆皇帝喜欢。而乾隆皇帝又是极其聪明和知识经验也是登峰造极，御宇六十年，后虽为太上皇，实则直到嘉庆四年正月高宗纯皇帝驾崩，国家大权一直掌控在手里。而这三年，仁宗睿皇帝是向他的父亲学习当皇帝。当两个聪明人在一起，且又性情相投，况且是皇帝和大臣，士尚为知己者死，他们这种关系自然一直保持始终。要说乾隆晚年知己，非和珅莫属。和珅有别于前代的权臣，人亦聪明有才具，做事干净漂亮，诗也写得才情横溢，又善谑，颇幽默，故终乾隆一朝，为纯皇帝所信任，圣眷隆盛，惜意得自满之际，对于嗣皇帝不知诚敬，不及时隐退，进不思退，足以取祸，嘉庆皇帝在朱批江西巡抚的奏折说：倘朕不将和珅明正典刑，天下但知和珅而不知有朕。终于“五十年来梦幻真”，“卅载枉劳神”，黄粱一梦尽，南柯一梦醒，自尽白布之上。

② 《清史稿·和珅传》，卷三百一十九，第 10753 页。

物，乾隆说：

海兰察能杀贼，皮张收以御寒，何必诘责？汝等既不能杀贼，亦岂能谢绝人情乎①？

嘉庆三年（1798）八月，阿桂卒，循例，和珅自然而然成为领班军机大臣，位居首辅。清代定例，朝廷的重要机密大事，由军机大臣密封，盖上军机处的印，“向例封面标军机首揆名姓”②，标好首揆大名后，即驰驿地方督抚及相关大员，这叫做廷寄。每月兵部要将所寄封数，寄给何人及相关名目报告给皇帝，杜绝大臣私自有所请托。

阿桂卒后，廷寄封面上就署名“军机大臣和珅”，和珅因此觉得很过瘾，地方大员们也趁机顺理成章地称和珅为“师相”，这个称呼也未必完全是拍马屁，因为和珅曾是多次会试、殿试的读卷大臣，很多进士都出自他门下，称师相也是实情。但这个称呼，让乾隆略觉不爽，于是在万寿山召见军机大臣们，对和珅说：

阿桂宣力年久，且有功，汝随同列衔，事尚可行；今阿桂身故，单挂汝衔，外省无知，必疑事皆由汝，甚至称汝师相，汝自揣称否③？

从此以后廷寄只写军机大臣，后不列姓名，成为定例。

还有一件事说明，乾隆皇帝在行政用人大事上，并未完全听从和珅之意见。

---

① 萧一山《清代通史》，卷中，第216页。
② 昭梿《啸亭续录》卷一《廷寄》，第399页。
③ 萧一山《清代通史》，卷中，第216页。

嘉庆二年（1797）闰六月，太上皇在避暑山庄。晚上，宣军机大臣觐见，回说大学士王杰正腿痛厉害，不能入值。太上皇命宣军机章京，军机章京戴衢亨、吴熊光觐见。吴熊光奏对承旨，乾隆很满意，觉得小伙子不错。吴熊光是苏州人，乾隆曾六下江南，去过苏州，听到江南口音，倍感亲切。又见吴熊光举止言行得体，便记在心上。据当时人记载，和珅“不太喜欢”吴熊光。

乾隆谕曰：“吴熊光可为军机大臣。”

和珅：“爷，吴熊光现五品官入军机，不合体制。”

乾隆：“加三品衔。”

和珅：“爷，大臣按例要乘肩舆，熊光家贫，恐无力置办。”

乾隆：“赏户部饭银1000两。”

和珅：“戴衢亨状元出身，官四品侍讲学士，在军机久，用熊光不如用衢亨。”

乾隆：“此岂殿试耶?”

和珅知道再说就惹乾隆不高兴了，而乾隆也不想完全把和珅的建议晾在一边，和珅想让戴衢亨一起进军机处。六月二十四日，乾隆下诏，两人同加三品卿衔入值，在军机处学习行走。乾隆虽然未完全听从和珅，但还是让其所推荐的人进了军机处，或许和珅这个建议是比较周到的，就行政用人而言，宜遵守成例，也说明和珅在政事上成熟老到，但也说明乾隆对和珅还是很宠信的。后来吴熊光“居政府六阅月，和珅忌之，出为直隶布政使”[①]。

翰林出身的嵇璜[②]以治河专家入相，乾隆四十五年（1780）拜

---

① 《清史稿·吴熊光传》卷三百五十七，第11321页。《清史稿》这个看法可能未必准确，以在军机处学习行走到直隶布政使，为直省方面大员，亦是升官。吴熊光后官至总督，晚年著有《伊江别录》，道光八年，参加鹿鸣宴，道光十三年（1833）卒，年八十四；戴衢亨为乾隆四十三年（1778）状元，后官至体仁阁大学士，为人清通，颇得嘉庆信用，嘉庆十六年（1811）卒，年五十七。

② 江南无锡人，文华殿大学士嵇曾筠之子。

文渊阁大学士，兼工部尚书。其为人委曲求全，守拙自安，书法写得很妙。和珅亦雅工书法，有此爱好，乃用楮[1]素请求嵇璜写字。嵇璜当面不好拒绝，于是携纸回家。一日在家中请几个翰林饮酒，这些翰林都是和珅的门生，因和珅兼翰林院掌院学士并教习翰林。

大家正喝得起劲，童子突然跑来说："墨已经磨好了。"

嵇璜训斥说："大家都在喝酒，写什么字！去去。"

这些翰林说："晚辈正想学习一下嵇相您的书法。"

嵇璜就说："哎呀，和相还让我写字，正好请诸位赐教啊。"

于是开写，写到一半时，在旁司墨的童子，不小心把墨碰倒了，弄得纸上到处是墨。嵇璜大怒，痛骂童子不小心。翰林们在旁边劝说息怒，各说了几句"书法虽写一半，然神韵已如甘泽，改日再请教"之类的客套话就走了。

第二天，嵇璜向和珅道歉说："徒败公佳纸。"

和珅也知当时情况，不好再请写。

原来嵇璜并不想给和珅写，于是吩咐童子恰到好处，把翰林请来，故意做给让他们看，他们自然会把他们见到的情形说给和珅听，使之相信，并非嵇璜不想写。此事可见嵇璜之谨慎自保，知无力违背和珅，故隐而不发。

东阁大学士、军机大臣王杰对于和珅也不太"感冒"，此人是乾隆二十六年（1761）状元。除了阿桂之外，王杰可能是第二个不大买和珅账的军机大臣了。和珅在军机处决定政事，其他军机大臣往往一言不发，不吭一声。王杰遇有不可之事，总是与和珅据理力争，乾隆亦深知其忠直。王杰每次议政完后，默默地独坐。一日，和珅跑过来搭讪，握着王杰的手开玩笑：

---

① chǔ，一种树皮可以造纸的树，也做纸的代称。

和珅："何柔荑乃尔！"意思是，怎么这么柔啊，手真嫩啊。

王杰："王杰手虽好，但不能要钱耳①！"

后来嘉庆皇帝解决和珅，王杰多有出谋划策，为嘉庆亲政以后之首辅大臣。

进士出身的河南偃师人武亿②在博山担任县令，乾隆五十七年（1792），和珅兼管的步军统领衙门的捕头杜成德等人出京，以抓捕要犯为名，横行州县。在博山饮酒作乐，强占民居，武亿将这些人逮捕。

杜成德把腰牌甩给坐在县衙大堂的武亿说：我是奉提督衙门命令，捉拿要犯，你是什么官！？胆敢阻挡！

武艺说：牌令让你到哪个地方就通报有司协助缉拿，为什么你来了三天却未谒见本县？且牌役只令两人公干，多余的人又是谁？来人哪，着将杜成德杖责四十大板。

---

① 《清史稿·王杰传》卷三百四十，第11086页。

② 参见洪亮吉《又书三友人遗事》："武亿，偃师人。"身高九尺，腰腹甚伟。善读书，成进士后，常居京城，把内阁学士朱筠、翰林院编修程晋芳家的藏书读尽。曾经想学不动心法，因此在冬月斩决犯人时，早早赶到菜市口看。观看的数百人当中蹙眉掉眼泪的人，而"亿独色不变"。内阁学士翁方纲和武亿有渊源，而武亿不喜欢他。殿试之日，武亿对策保和殿，日落之前，翁方纲被派来收卷，对武亿说：汝为我小门生，汝知之乎？武亿大怒而起：此岂认老师太老师处乎？武亿说完"欲拳殴之"，正要揍翁方纲，被监考大臣呵斥而止。后"官博山县知县，民爱之若父兄"。有此以公事去济南拜谒大府（即山东巡抚吉庆），大府开玩笑说："闻君兄弟行居二？"意思就是他哥是卖烧饼娶潘金莲的武大郎，他就是武二郎武松。武亿"疑以稗官中事相谑也，拂衣起曰：'知县已无兄。'欲径出，大府婉谢失言，乃止。其罢官也，大府亦知其枉"。大府想为武亿捐复原官，博山百姓也留他，但他不愿，然而家贫，又不能回家，所以四方奔走，修方志授学徒。嘉庆五年三月卒，亮吉从伊犁归，经过偃师，见其祖坟有新土坟，心里疑惑，入县问，果然是武亿的新坟。孙星衍曾为武亿详细作传。《洪亮吉集》，第三册，第1041、1042页。亮吉在《北江诗话》中谈到：余自塞外还，道出河南偃师，闻吾友武大令亿卒，往哭之。其子明经穆淳出谢，并乞题数语于繐（suì，细而疏的麻布，古人用做丧服）帐，以慰先人。余即作一联云：降年有永有不永，廉吏可为不可为。盖大令诸兄皆老寿，惟大令年未周甲也。见《洪亮吉集》第五册，第2263页。武亿杖责和珅差役事又详见江藩《国朝汉学师承记》卷四《武亿》，第69、70页，北京：中华书局，1983年。本书附录《乾嘉儒林文苑录》亦细注该事。

当时老百姓拍手称快，山东巡抚吉庆大骇，以杖责差役，弹劾武亿，具副奏呈和珅，因为县令是朝廷命官，巡抚无权撤免，遇事只能参奏。

和珅看了奏本说：这是曝光我的差役不谨，阴为强项令，这还了得。

吉庆遵照上司的意思，将武亿开缺。后来数千百姓在巡抚衙门，请求留住好官。吉庆于是与武亿至京，但是当时和珅兼管吏部，遂不了了之。

巡城御史谢振定[①]，一日巡视街头，见和珅妾之弟，乘坐高车，耀武扬威横行都市，谢振定即将其拿下，痛鞭此人横行霸道，并在街上当众放火烧了和珅妾弟所乘高车，一时举朝震惊。和珅知其妾弟荒唐，亦不好作声，而谢振定则被称为“烧车御史”。二十年余年后，谢振定之子谢兴峣，任固始县令，因政绩卓越被召见，嘉庆皇帝从容问曰：“汝即烧车御史之子乎？”不久，特旨擢升为成都知府[②]。

乾隆四十七年（1782），御史钱沣弹劾山东巡抚国泰、布政使于易简贪纵营私。乾隆皇帝命和珅、刘墉、钱沣去查办。和珅暗中袒护国泰，派奴仆快马加鞭到济南，让国泰抽现银数十封，补十万亏空。钱沣先在良乡看到和珅奴仆往济南送信，于是慢慢悠悠在路上等待该仆人回途。当该仆从回来时，钱沣即将其拿下搜身，得到国泰写给和珅的书信，钱沣立即将国泰私书上奏。和珅与刘墉至济南，和珅见钱沣衣服破旧，赠以轻裘想收买钱沣，钱沣严词拒绝。而刘墉是以正直闻名的大学士刘文正统勋之子，为人清正，素不依附和珅，和珅亦无法左右局面。钱沣立马将库房

① 湖南湘乡人。

② （清）陈康祺《郎潜纪闻初笔》卷七，第160页。

查封，并清点库银，发现亏空极大。乾隆震怒，将国泰等人正法。后来，钱沣又上奏乾隆说，军机大臣们不在一块办公，于体制不合，大学士和珅在内右门或者隆宗门造办处办事，福长安亦在造办处，而大学士王杰、尚书董诰则在南书房，唯独大学士阿桂一人在军机处，乾隆准奏[①]。

乾隆五十一年（1786）五月，陕西道监察御史曹锡宝[②]，弹劾和珅家人刘全“衣服车马房屋逾制”[③]。曹锡宝出示奏折给同乡好友侍郎吴省钦看，吴是和珅的亲信，立即飞书报和珅。当时随乾隆在避暑山庄避暑的和珅，便令刘全将超过规制的房屋等项全部摧毁销迹。乾隆得奏，传旨王、大臣会同都察院讯问曹锡宝。曹锡宝“直陈和珅私弊，卒不能指实”[④]，大臣们去刘全家勘察，并无超过规制之处，好像看起来，刘全家里还很俭朴的。乾隆以曹锡宝“妄奏”，将伊革职留任。御史作为言官，有言事职责，所谓言者无罪，闻者足戒，乾隆亦不能随便将言官治罪，因是而致言路闭塞，于国家不利。事后，乾隆皇帝告诫曹锡宝：尔（你）读书人，难道没读过《易经》吗？君不密则失臣，臣不密则失身。这话希望曹锡宝做事要谨慎，作为言官，何以将奏折轻示于人呢？曹锡宝闻言，泪水涌出。后来“恨为友所卖”[⑤]，忧愤而死。嘉庆四年（1799）查办和珅，查出其家奴刘（全）、马二家人的财产表如下：

① 和珅亦不能将钱沣如何，毕竟乾隆朝的政治在基本面上还是比较清明，人心未必如想象的那样坏。但《清史纪事本末》或《清代通史》似乎有一种说法，是和珅想方设法给钱沣找最苦最累的差事，忙个不停，最后活活累死。此说不知何据，故不敢妄论。

② 江南上海人。

③ 黄鸿寿《清史纪事本末》，卷三十四，第247页。

④《清史稿·和珅传》，卷三百一十九，第10754页。

⑤ 黄鸿寿《清史纪事本末》，卷三十四，第247页。

刘、马财产表

财产	数量
住宅	182 间
金银古玩	3686000 两
衣饰器皿	估银 1413000 两
洋货皮张绸缎	估银 30000 两
人参	估银 40000 两
地亩六百余顷	估银 600000 两
当铺四座	本银 1200000 两
古玩铺四座	本银 40000 两
市房二十七所	契价银 25000 两

资料来源：萧一山《清代通史》，卷中，第 266 页，北京：中华书局，1986 年。

从此表可以看出锡宝所奏不虚，嘉庆四年（1799）正月二十八日（丁亥）皇帝谕：

> 从前已故御史曹锡宝，曾经参奏和珅家人刘全，倚势营私，家资丰厚一事。彼时和珅正当声势薰灼之际，举朝并无一人敢于纠劾，而曹锡宝独能抗辞执奏，殊为可嘉，不愧诤臣之职。今和珅治罪后，查办刘全家产，竟有二十余万之多。是曹锡宝前此所劾，信不虚。自宜加之优奖，以旌直言。曹锡宝，著加恩追赠副都御史衔，并将伊子照加赠官衔给予荫生。该部照例办理①。

乾隆五十五年（1790），“和珅贪横于内，福康安豪纵于外，

① 《仁宗睿皇帝实录》（一），卷三八，第 444 页。

督抚习为奢侈，致库藏空虚”[1]。内阁学士尹壮图奏称各省库藏空虚，乾隆大怒，和珅认为尹壮图胡说八道，请将伊革职治罪。乾隆不许，和珅“请即命壮图驰驿普查各省府库亏空，而令侍郎庆成监之”[2]。庆成每到一省就牵制尹壮图，并暗通各省将亏空补齐，“待挪移既足”[3]，庆成就拉着尹壮图去查看，结果各省的府库都是满满的，没有半点亏空的迹象。和珅反弹劾尹壮图妄言，乾隆大怒，将尹壮图革职，让庆成押解至京，下刑部狱。先前，壮图在家里写这份奏疏时，弟弟尹英图屡次来门口望哥哥，大概有永别之戚态。当时尹壮图的母亲已经70岁了，一般来说，上有七十老母在，不宜触犯权贵。壮图看着其弟笑曰：

子不必代兄忧，兄之首早悬都市矣，弟代养老亲天年，可也[4]。

后来，壮图虽然被释放，但他的仕途也进入了冬眠期，干脆请假回云南老家，照看老母亲去了。

嘉庆四年（1799）正月二十八日，嘉庆皇帝谕军机大臣等：

从前原任内阁学士尹壮图，曾以各直省仓库多有亏缺，藉词弥补。层层朘削，以致民生受困之处，具折陈奏。其事虽查无实据，而所奏实非无因。似此敢言之臣，极宜录用。……令其即行来京候旨擢用，并著准其驰驿[5]。

---

① 黄鸿寿《清史纪事本末》，卷三十四，第248页。
② 黄鸿寿《清史纪事本末》，卷三十四，第248页。
③ 《清史稿·和珅传》卷三百一十九，第10754页。
④ 黄鸿寿《清史纪事本末》，卷三十四，第248页。
⑤ 《仁宗睿皇帝实录》（一），卷三八，第445页。

好一个“查无实据，实非无因”，这是当时官场里的流行套话“查无实据，事出有因，大事化小，小事化了，不了了之”。在这里，嘉庆皇帝肯定了尹壮图所奏是实，但也给各省大吏留了点面子。

体仁阁大学士刘墉是乾隆朝名相东阁大学士刘统勋之子，山东诸城人，民间称为“宰相刘罗锅”。嘉庆元年（1796）十月初七（己卯）上谕说：

> 刘墉向来不肯实心任事，……是刘墉平日于铨政用人诸事，全未留心，率以模棱之词塞责。……彭元端不自检束，……纪昀（纪晓岚）读书多而不明理，不过寻常供职，俱不胜大学士之任。董诰在军机处行走有年，供职懋①（mào 努力，美好）勤殷，亦属勤勉，著加恩补授大学士。②

当时嘉庆还未亲政，这上谕是太上皇乾隆发出的，从文字表达来看，有和珅的意思在里面，因为和珅是承旨书谕的军机大臣，乾隆可能有这样的评价，但不至于如此苛责，而阿桂为人厚道，不可能有此等“苛评”，和珅对才华超过他的人不大喜欢，当阅卷大臣的时候，不喜欢的卷子，总是用指甲刻画，当然也说明其人有认真的一面。但乾隆素来看重刘墉之父刘统勋，因而对刘墉也“圣眷不衰”，后来还是将刘墉补授大学士。嘉庆二年（1797）三月二十三日（癸亥），太上皇谕内阁：

---

① mào，努力，美好。

② 《仁宗睿皇帝实录》（一），卷一〇，第159页。

大学士已缺出，……现在各尚书内，刘墉资格较深，著补授大学士，但伊向来不肯实心任事，行走颇懒。兹以无人，擢升此职。朕既加恩，务当知过，倍加感激，勿自满足，勉除积习，以副恩眷①。

大学士都已经授了，还不忘调侃一下刘墉。有个故事，大致是这样的：和珅曾派人到刘墉府上递拜年帖子，而刘墉没有回拜。某日两人轿子相逢，其时正大雪融化之天，地上到处湿湿的。刘墉立即下轿，拜在和珅轿前。两人都是大学士，和珅自然得下轿回拜。仓促之间，和珅不择地拜在地上还礼，结果衣服弄湿，一副很狼狈的样子，刘墉心里暗笑。据昭梿《啸亭续录》记载，“乾隆末，和相当权，最尚奢华，凡翰苑部曹名辈，无不美丽自喜。”如果穿得破旧，朴实无华者，则“人皆视为弃物”。而刘墉故意穿着旧而不时尚的衣服走来走去，当时官员以其位尊，都只能窃笑，刘墉就说：

吾自视衣冠体貌，无一相宜者，乃能备位政府，不致陨越者，何也？寄语郎署诸公，亦可以醒豁矣②！

刘墉的意思就是，他能备位政府，不致从高处掉下来，就是坚守自己的本色，不依附谁，大家如此美丽自喜，难道还不到梦醒时刻，看到我样子亦能备位政府③，你们难道还不豁然醒悟吗？

《朝鲜实录》记载，刘墉的意见，嘉庆皇帝采纳最多，对其

---

① 《仁宗睿皇帝实录》（一），卷一五，第214页。

② 昭梿《啸亭续录》卷二《刘文清语》，文清是刘墉谥号，第423页。

③ 殿阁大学士，例称政府。

"眷注，异于诸臣，盖墉夙负朝野之望，为人正直，独不阿附于和珅"[1]。后来，刘墉在嘉庆解决和珅的过程中起了重要的作用，《殛珅志略》说"大学士刘墉亦于造膝时，奏请究治"和珅[2]。

后任东阁大学士、文华殿大学士的军机大臣董诰为人非常谨慎，从来不乱说话。嘉庆元年（1796），乾隆皇帝想召嘉庆的老师朱珪来京任大学士，和珅本来就不大喜欢朱珪那学问高深的样子，而嘉庆皇帝则给老师写了贺诗。其时太上皇训政，新皇帝尚在学习阶段，政治上还不够老练。当时谕旨的草稿，和珅还未拟好呈进，嘉庆竟然将这样的重大人事调动透露给老师。和珅就把嘉庆的诗歌拿给乾隆看，当时军机大臣董诰也在。

和珅："爷，嗣皇帝欲市恩于师傅。"

乾隆震怒，勃然色变，便问董诰："汝在军机、刑部久，是于律，意云何?"

乾隆的意思就是，这样做，在律例上讲是什么意思。

董诰回答："圣主无过言[3]。"

按律例来讲，皇帝的话就是法律，就是圣旨，无所谓过错，皇帝不讲错的话，不做错的事，总是对的，这话回答得可谓巧妙，圆融至极。可是仔细一想，这话到底在说谁？谁又能说皇帝有错呢？圣主是无过的，同时圣主也不讲过了的话，不做过分的事。

太上皇默然良久，才说："汝大臣也，善为朕辅导之。"

乾隆这话，肯定了董诰，而嘉庆的老师朱珪的大学士也就泡汤了，后以朱珪不能实力查拿洋匪[4]，从署两广总督，回任安徽巡抚。董诰后来虽受嘉庆旨意办理和珅事，但此前并不得罪和珅。

---

① 孟森《清史讲义》，第317页。
② 《贪官污吏传》，第29页，北京：北京古籍出版社，1998年。
③ 《清史稿·董诰传》卷三百四十，第11089页。
④ 即东南沿海出没之海盗，其时朱珪代理两广总督。

嘉庆大概从此以后学老实了，大多数时候沉默寡言，喜怒不形于色，对政治也似乎有了更深的理解。据《朝鲜实录》，嘉庆元年（1796）春，朝鲜进贺使臣眼中的嘉庆皇帝是这样的：

状貌和平洒落，终日宴戏，初不游目，侍坐太上皇，上皇喜则亦喜，笑则亦笑，于此亦有可知者矣①。

两年后的嘉庆又是怎样的呢？嘉庆三年（1798）春，朝鲜使臣眼里的嘉庆是这样的：

皇帝平居舆临朝，沈默持重，喜怒不形，及开经筵，引接不倦，虚己听受，故筵臣之敷奏文义者，俱得尽意②。

显然，嘉庆在政治上日益成熟。

嘉庆早有收拾和珅之心，先是希望与和珅"朋比为奸"的福长安能醒悟过来，据嘉庆四年八月十九日（乙巳）上谕内阁：

今年正月初八日，朕所以将和珅、福长安拿问治罪者，因伊二人同受皇考厚恩多年，不思感激报效，朋比为奸。获罪甚重，不得不治以国法，非朕初亲政，务即将皇考左右常侍之大臣，遽加罪谴也。但伊二人中，和珅种种不法已极。又经科道劾参，情节重大，断无一线生路，是以于十八日即令自尽。而福长安虽未经人指款参奏，然与和珅同为军机大臣，势位相等而甘心阿附不自树立。且自

① 孟森《清史讲义》，第312页。
② 孟森《清史讲义》，第317页。

嘉庆元年以来，朕时时命伊召见。且朕恭谒泰陵，伊独随行，于沿途行宫，每日召见数次，并微示以意，冀其将和珅平日所为，直陈无隐。而福长安始终讳饰，无一语道及和珅者，是其昧心丧良，自甘比党，甚为可恨，故特命拿究，乃出自朕意，非由他人举发也①。

嘉庆皇帝说“微示以意”，而福长安终不悟，为物所役，心智惑于眼前风光无限，到头来竹篮打水一场空，红尘一梦。

嘉庆只是在静静地等待时机。

嘉庆四年（1799）正月初三日辰时，乾隆在养心殿驾崩，享年89岁。

嘉庆皇帝即在本日发出8道上谕，首道称其皇父“龙驭上宾，抢地呼天，椎心泣血”②，著大学士和珅等人为总理丧仪大臣。

正月初四日（癸亥），嘉庆皇帝谕军机大臣等“言出法随，勿谓幼主可欺也”，警告各路统兵大员不要玩兵养寇，同时指出：“小民脂膏有几？岂能供无厌之求？此等教匪滋事，皆由地方官激成，即屡次奏报所擒戮者，皆朕之赤子！”③

嘉庆在另一道上谕中称“有上皇近臣，为之缓颊”、“则国家坐耗巨饷，非养兵也，乃为权臣谋耳”④！直指和珅，谕旨一下，举朝震惊。

山雨欲来风满楼。

正月初五日（甲子），嘉庆皇帝发出求言诏：

---

① 《仁宗睿皇帝实录》（一），卷五〇，第630页。
② 《仁宗睿皇帝实录》（一），卷三七，第407页。
③ 《仁宗睿皇帝实录》（一），卷三七，第413～414页。
④ 萧一山《清代通史》，卷中，第261页。

兼听则明，偏听则蔽。若仅一二人之言，即使出于至公，亦不能周知天下之务，况未必尽公也！……凡九卿科道，有奏事之责者，于用人行政，一切事宜，皆得封章密奏。[1]

言官们闻风而动，一时大雨倾盆，给事中王念孙、御史广兴上疏首劾文华殿大学士、军机大臣和珅，宛如“久旱逢甘露”，御史郑葆鸿、给事中广泰纷纷弹劾和珅。

正月初八日（丁卯），嘉庆皇帝谕内阁：

嗣后陈奏事件，俱应直达朕前，俱不许另有副封关会军机处。各部院文武大臣，亦不得将所奏之事，预先告知军机大臣[2]。

本日，嘉庆皇帝命仪亲王永璇、成亲王永瑆传旨将大学士和珅、尚书福长安革职、抄家、逮捕、下狱。当时人昭梿[3]在《今上[4]待和珅》中记载了这件事：

---

① 《仁宗睿皇帝实录》（一），卷三七，第416页。

② 《仁宗睿皇帝实录》（一），卷三七，第418页。

③ 昭梿（1776—1829），嘉庆十年（1805）袭爵为礼亲王。

④ 今上即嘉庆皇帝，当时人称当时皇帝为“今上”，再如“今上在藩邸时，朱文正为上书房师傅，朝夕训迪。”“今上即位后，厚待仪、成诸王。”见（清）昭梿《啸亭杂录》，第二十九页。嘉庆时人，皇清文颖馆总纂修官法式善在《皇清奉直大夫翰林院编修洪稚存（亮吉）先生行状》称“今上亲政，朱文正荐之”（第2356页）；学者孙星衍在《翰林院编修洪君传》亦说：“今上亲政，修高宗纯皇帝（即乾隆）实录，朱文正珪保荐君起复赴都。”（第2358页）翰林院编修谢阶树在《洪稚存先生传》中说洪亮吉：“今上元年四月，散馆留编修。”（第2360页）以上见（清）洪亮吉《洪亮吉全集》，第五册。道光年间前后五任江苏巡抚兼署两江总督梁章钜在《归田琐记》里记载了王庆云为他写的七十寿序，称道光皇帝为“今上”：“今上即位二十四年秋七月，吾乡梁茝林先生七十诞辰。”茝林是梁章钜的字，卒于道光二十九年（1849年），享年七十五岁。那么“今上即位二十四年”即1844年，也就是道光二十四年。见（清）梁章钜《归田琐记》，第三十八页。

丙辰[1]元日，上既受禅，和珅以拥戴自居，出入意颇狂傲。上待之甚厚，遇有奏纯庙[2]者，托其代言。左右有非之者，上曰："朕方倚相公理四海事，汝等何可轻也！"珅又荐其师吴稷堂省兰，与上录诗草，观其动静。上知其意，吟咏中毫不露圭角，故珅心安之。及纯庙崩后，王黄门念孙、广侍御兴等先后劾之，上立命仪、成二王[3]传旨逮珅，并命勇士阿兰保监以行，珅无所能为。控制上相，如缚庸奴，真非常之妙策。……乃知睿谋久定于中矣[4]。

正月十五日（甲戌），嘉庆皇帝宣布和珅20大罪状：

1. 朕于乾隆六十年九月初三日，蒙皇考册封皇太子。尚未宣布谕旨，而和珅于初二日即在朕前先递如意，漏泄机密，居然以拥戴为功，其大罪一。

2. 上年上月，皇考在圆明园召见和珅。伊竟骑马直进左门，过正大光明殿，至寿山口，无父无君，莫此为甚，其大罪二。

3. 又因腿疾，乘坐椅轿抬入大内，肩舆出入神武门，众目共睹，毫无忌惮，其大罪三。

4. 并将出宫女子娶为次妻，罔顾廉耻，其大罪四。

5. 自剿办教匪以来，皇考盼望军书，刻萦宵旰。乃和珅于各路军营递到奏报，任意延搁，有心欺蔽，以致军务日久未竣，其大罪五。

---

① 即嘉庆元年，1796年。
② 即乾隆皇帝。
③ 即仪亲王永璇和成亲王永理，皆嘉庆皇帝兄长。
④ （清）昭梿《啸亭杂录》，第27页。

6. 皇考圣躬不豫时，和珅毫无忧戚，每晋见后，出向外廷人员叙说，谈笑如常，丧心病狂，其大罪六。

7. 昨冬皇考力疾披章，批谕字画，间有未真之处。和珅胆敢口称不如撕去，竟另行拟旨，其大罪七。

8. 前奉皇考谕旨，令伊管理吏部、刑部事务。嗣因军需销算，伊系熟手，是以又谕令兼理户部题奏报销事件，伊竟将户部事务一人把持，变更成例，不许部臣参议一字，其大罪八。

9. 上年十二月内，奎舒奏报，循化，贵德，二厅贼番聚众千余，抢夺达赖喇嘛、商人牛只，杀伤二命，在青海肆劫一案。和珅竟将原奏驳回，隐匿不办，全不以边务为事，其大罪九。

10. 皇考升遐后，朕谕令蒙古王公未出痘者，不必来京。和珅不遵谕旨，令已、未出痘者，俱不必来京。全不顾国家抚绥外藩之意，其居心实不可问，其大罪十。

11. 大学士苏凌阿，两耳重听，衰迈难堪。因系伊弟和琳姻亲，竟隐匿不奏。侍郎吴省兰，李潢，太仆寺卿李光云，皆曾在伊家教读，并保列卿阶，兼任学政，其大罪十一。

12. 军机处记名人员，和珅任意彻①去，种种专擅，不可枚举，其大罪十二。

13. 昨将和珅家产查抄，所盖柟②木房屋，僭③侈踰④制。其多宝阁及隔段式样，皆仿照宁寿宫制度。其园寓点缀，竟与圆明园蓬岛瑶台无异，不知是何肺肠？其大罪十三。

14. 蓟州坟茔，居然设立享殿，开置隧道，附近居民有“和陵”之称，其大罪十四。

---

① 通“撤”。
② nán，同“楠”。
③ jiàn，过分。
④ “逾”的繁体字。

15. 家内所藏珍宝，内珍珠手串，竟有二百余串，较之大内多至数倍。并有大珠，较御用冠顶尤大，其大罪十五。

16. 又宝石顶并非伊应戴之物，所藏真宝石顶有数十余个，而整块大宝石不计其数，且有内府所无者，其大罪十六。

17. 家内银两及衣服等件，数逾千万，其大罪十七。

18. 且有夹墙藏金二万六千余两，私库藏金六千余两，地窖内并有埋藏银两百余万，其大罪十八。

19. 附近通州、蓟州地方均有当铺钱店，查计资本，又不下十余万，以首辅大臣，下与小民争利，其大罪十九。

20. 伊家人刘全，不过下贱家奴，而查抄资产，竟至二十余万，并有大珍珠及珍珠手串，若非纵令需索，何得如此丰饶？其大罪二十①。

正月十八日（丁丑），嘉庆皇帝谕内阁：和珅著加恩赐令自尽；并著监提福长安，前往和珅监所，跪视和珅自尽②。

和珅自尽后，留下了巨额财产，当时出现了“和珅倒，嘉庆

---

① 《仁宗睿皇帝实录》（一），卷三七、三八，第428—430页。

② 《仁宗睿皇帝实录》（一），卷三八，第433页。正月十五日，嘉庆皇帝宣布和珅20大罪的上谕里说：“兹据直隶总督胡季堂奏称：和珅丧尽天良，非复人类……贪黩放荡，真一无耻小人，丧心病狂，目无君上，请依大逆律，凌迟处死。”嘉庆引用胡季堂的奏折，说明嘉庆也有过凌迟处死（即剐刑，《大清律》里最重的量刑，残酷异常）的意思或者想法。但是后来为什么减轻刑罚、令和珅自尽呢？据十八日处决和珅的上谕说：即使不照大逆律凌迟，也应照当年乾隆处决讷亲那样立正典刑（讷亲在阵前被就地正法，即斩首示众），但是考虑到现在是“皇考大事之时，即将和珅处决，在伊固为情真罪当，而朕心究有所不忍”。且与纳亲的事情稍异，“国家本有议亲议贵之条，以和珅之丧心昧良，不齿人类……姑念其曾任首辅大臣，于万无可贷之中，免其肆市，和珅，著加恩赐令自尽，此朕为国体起见，非为和珅也。”《朝鲜实录》关于和珅自尽说：帝初欲剐杀之，因皇妹固伦和孝公主，为和珅之子妇，泣请全其肢体，屡恳不止；大臣董诰、刘墉亦乘间言请从次律，皇上久乃可之，赐白布带一条。福康安之弟福长安，据正月十八日上谕，处以斩监候（类似缓期执行死刑），秋后处决。后嘉庆四年八月十九日上谕内阁：“福长安著加恩释放，伊平日在皇考前常有捧茶之职事，今著前往裕陵（乾隆陵寝），永远充供茶拜唐阿（执事）”见《仁宗睿皇帝实录》（一），卷五〇，第631页。

饱”、“和珅跌倒，嘉庆吃饱”的民谣，嘉庆皇帝为此颇感烦恼。而内阁学士萨彬图不识时务，屡次上疏称，和珅财产甚多，断不止查出之数，必有埋藏寄顿侵蚀挪移的情况；刑部司员意存含混，应请大臣严加追究。嘉庆皇帝“以其言不足取”，当即召见萨彬图“详加开导，不可苛求”，而萨彬图“没完没了”，又上奏称“向伊亲戚问出和珅家掌管金银内帐使女四名”，即香莲、蕙芳、卢八儿、云香，请将这四名女子“交伊一人至慎刑司提讯”。嘉庆皇帝在四月二十五日（癸丑）指出：

> 欲以一人独讯数女子，且开列使女之名，形之奏牍，达于朕前，实为从来未有之事。……恐不足以服其心，是以特派怡亲王永琅，尚书布彦达赉，同萨彬图提集使女等再三究讯，仍无指实，果不出朕之所料。……岂伊尚不凭信，必请朕廷讯使女乎？……朕所以办理和珅者，原因其蠹国病民，专擅狂悖，和珅一日不除，则纲纪一日不肃。……天下臣民自必咸知朕意。自办理此案后，军机王大臣及大臣中如朱珪等，从未于朕前奏及和珅财产隐寄。乃萨彬图屡以为言，……岂萨彬图视朕为好货之主？敢以此尝试乎？……伊未必有此伎俩也。而无识之徒，鳃鳃计较和珅财产，不惟不知政体，实太不知仰体朕之本意。朕在藩邸时，则一切财用，犹有人己之别。今以天下为家，岂仅以藏诸府库者视为己有？此项查抄资物，纵有隐寄，自朕观之，亦不过在天之下地之上耳。……现在朕赐公主[①]物件甚多，……焉肯转向公主、额驸追问寄顿。……前盛京兵部侍郎出缺，朕本欲将萨彬图补授，复念其家计

① 即嘉庆之妹，嫁给和珅之子丰绅殷德的和孝公主。

艰难，恐与伊父达椿分居两地，日用或至不给，故令铁保前往。萨彬图不知感戴，……竟似欲藉追究和珅财产为图报之地，实为卑鄙不堪。……嗣后大小臣工，不得再以和珅资产，妄行渎奏[1]。

四月二十六日（甲寅），嘉庆皇帝再谕内阁：将和珅家人刘全等，从宽发落，发往黑龙江为奴。“自此定案之后，断不许摭[2]拾浮言，复事吹求，必欲陷朕等于贪利之主，是欲为和珅报复矣”[3]。

和珅的宠妾长二姑，在和珅自尽后写诗伤悼：

白练一条君自了，愁肠万缕妾何如？
可怜最是黄昏后，梦里相逢醒也无。
伤心一派卢沟水，直向东流竟不还[4]。

和珅另一个姬妾吴卿怜，在和珅败后，亦做诗自哀：

最不分明月夜魂，何曾芳草怨王孙。
村姬欢笑不知贫，长袖轻裾带翠颦。
三十六年秦女恨，卿怜犹是浅尝人[5]。

和珅红颜知己的诗歌凄婉幽怨，颇与和珅诗情相印。

① 《仁宗睿皇帝实录》（一），卷四三，第523、524页。
② zhí，摘取
③ 《仁宗睿皇帝实录》（一），卷四三，第525页。
④ 《梼杌近志·和珅姬妾》，第145页。
⑤ 《梼杌近志·和珅姬妾》，第146页。

辛亥革命：10 月 10 日夜的一场起义

1. “歌舞升平”的帝国

1911 年是辛亥猪年，也是清朝宣统三年。

这年前 10 个月并没有什么大事。一个城市的马车夫罢了工，两个小镇的商人罢了市，两个县的农民砸了学堂。前两者是为了抗捐，后者则是反对自治。

一个叫温生才的革命党杀手一枪击毙了坐在轿子里的广州将军孚琦。19 天后，英勇的黄兴将军率领 120 多人攻入两广总督衙门，出来时遭到清军包围，100 多名革命勇士壮烈牺牲，黄兴也被打断两只手指。

对于偌大的帝国来说，这些事情就好像一池水上泛起的几阵涟漪。

绅商们继续进行着两场权利运动。一场是地方官绅商和清政府争夺铁路路权的“保路运动”，另一场则是如火如荼的立宪运动。1910 年 10 月 22 日，当清朝资政院全体议员起立一致通过速开国会案后，议员汪荣宝兴奋地带头高呼：

“大清国万岁！皇帝陛下万岁！大清国立宪政体万岁！”

全体议员欢呼，《民立报》记者报道说：

“此次资政院表决此案时，自王公以及民选议员，全体赞成，三呼万岁；外人脱帽起敬，电告本国。”

直隶议员、史上最后一位状元刘春霖发表即席演说：

“今天因为速开国会一事全体赞成，无一反对者，真可为中国前途贺。”

清朝的新政依旧在进行，1911 年 1 月底，颁布了采用罪行法定原则的《大清新刑律》和承认民间办报但检查新闻言论的《钦定报律》；5 月初，官制改革出现大动作，以庆亲王奕劻为总理大臣的内阁，代替了运行 182 年的军机处。

帝国是平静的。

英国《泰晤士报》记者莫里循眼里的北京城“重要的宅第都用上了电灯，街道也用电灯照明，电话畅通，邮局每天投递八次信件”，“自来水供应良好，我敢断定，不需要多久，我们就能乘上电车”，“巡警们简直叫人赞扬不尽，这是一支待遇优厚、装备精良、纪律严明的队伍。”

“老百姓的物质生活正在日趋丰富，这是不成问题的！”莫里循在写给伊迪丝的信里不无兴奋地说，“再没有比这更使我深信不疑了，你在全国无论走到哪儿，都会有财富在增长的迹象，映入眼帘。”

“兴修铁路正取得真正的进展。”莫里循接着说，“无论哪里修筑起一条铁路，那铁路穿过的省份，就会得到难以置信的好处。”

宣统年间的全清各大城市，由于电灯的普遍安装，夜生活也丰富起来。京城各戏班子，争妍斗奇，夜夜开演唱会。上海从中午 12 点到午夜 12 点，无一刻不是车水马龙，香车宝马络绎不绝，“大小戏园开满路，笙歌夜夜似元宵”。天津“繁华日甚，不减沪上”，且有后来居上之势。汉口的歌馆舞台，茶楼酒肆，熙熙攘攘，“冶游者车水马龙，昼夜无有止息”。

这样的繁华，看不到一点“山无欲来风满楼”的气息，甚至有点“太平盛世”的味道。可是，谁能想象一个“歌舞升平”的大清帝国，竟在一位名不见经传的士兵一只手指扣下扳机之下，一声枪响之后，四个月之内轰然倒塌！昨日还灯火辉煌，今日却灯灭楼空，丧钟为谁而鸣？

2. 谁放了第一枪

1911 年 10 月 10 日晚上 19 时，驻扎在武昌城中和门内的清朝新编陆军第八镇、工程第八营、后队二排的一个叫金兆龙的副班长和一个叫程定国的士兵在擦着枪杆子。

金兆龙，1889 年生，武昌人，字品臣，少年时读书认真，与人讨论时局，慷慨激昂，后辍学投入工程八营当兵。

程定国，1885 年生，武昌人，名正瀛，相貌壮实，英勇干练，枪法精准，在工程八营当兵多年。

这天是中秋节过后的第四天，武昌天气异常，大雾，早晨阴云密布，中午滂沱大雨。入秋以后的江南一般难见大雨，10 月 10 日的这场大雨确实不多见。一场秋雨一场凉，更何况是暴雨，所以到了晚上，天气就有点冷飕飕的感觉。

风起于青萍之末，冷飕飕之中蕴藏着热烈。

后队二排排长陶启胜遵照长官的命令查营，查到第三棚时，发现金兆龙正在给步枪装子弹。

陶启胜便指着金兆龙说：“装子弹干什么？”

金兆龙说：“预备不测！”

陶启胜厉声道：“大晚上的擦枪装子弹，预备什么不测，我看你是想造反！”

金兆龙怒道：“老子造反又怎么着！”

陶启胜上前要扭住金兆龙。

情急之下，金兆龙大呼：“兄弟们，此时不动手，更待何时？”

程定国立即用枪柄从后面猛击陶启胜头部。

陶启胜觉得头部一声闷响，接着一阵剧痛，赶忙松开手，捂住头，往棚外逃，去叫长官来弹压。

程定国举起了步枪，食指扣下扳机，射出了一颗改变历史的子弹。子弹穿越空气，一秒一秒地前进，历史也在一秒一秒的改变，时空精确到瞬间。只听一声清脆的枪响，陶启胜应声倒地，魂飞天外。

此时，紫禁城的自鸣钟在19时自鸣了一下，住在养心殿的5岁大的宣统小皇帝大概已经歇息，住在太极殿的隆裕皇太后大概在和宫女们闲聊。光绪的弟弟、宣统的父亲，也是监国的摄政王载沣业已回到自己的醇亲王府邸。内阁总理大臣奕劻可能正在当年是和珅故居的地安门外大街的庆王府欣赏名角们演唱京剧。此刻，他们都不知在帝国的南方射出了终结大清王朝268年统治的第一颗子弹。

大清帝国的丧钟在夜色中敲响。

只不过代替钟声的是武昌夜空之下营棚里发出的一声枪响。

历史定格在一个叫程定国的士兵身上。

他打响了辛亥革命的第一枪。

他的一小枪，却是历史的一大枪。

这一枪把中国带入了一个新的时代。

3. 楚望台军械库集结

程定国放了第一枪后，工程营里听到这清脆无比的枪声的士兵们吆喝起来，涌出营棚，有的兴奋地举起枪杆如连珠似的放，有的疯狂地砸了营棚的玻璃窗。

碎片纷飞，在营棚的电灯照耀下，映照出一个王朝的碎影和士兵的激动。

各队长官立即出来弹压道："保持安静！谁再闹，毙了谁！"

现场的情绪已失控，群情如同久旱逢甘露，起哄声此起彼伏。士兵内心长久的压抑，彻底爆发了。

工程八营的管带阮荣发立即率领右队官黄坤荣、司务长张文涛等一彪人马，一边朝天放枪，一边喊话：

"汝辈均有家小性命、均有父母住在此地，此等事做不得的！要家灭九族咧！赶快觉悟，各回本标。决不究其已往，不要吼喽，不要胡闹乱为。汝等均受革命党人骗，革命党人昨日老早跑远，教你等今天送死，也是无益的！"

正在营房二楼的后队正班长熊秉坤等士兵立即举起板凳、花盆、痰盂、尿壶朝阮荣发等砸去。

辛亥第一枪手程定国举枪瞄准了阮荣发，"啪"的一声，阮荣发死了。这位神枪手，又将枪杆瞄准黄坤荣，同时前队士兵徐兆斌也放起枪来，黄荣坤、张文涛等相继倒地。

工程营军头都被打倒，其他一般军官再无人敢阻拦，个个吓得面如土色，想起曾经抽过某个新兵蛋子几耳刮子，想起曾经克扣属下士兵若干银两的军饷，想起曾经索贿几个士兵的香烟和土特产，心中发怵不已，觑眼触到士兵紧握的扣在指下的擦得锃亮的枪杆子发出的寒光，不寒而栗，于是纷纷逃散。有的施展"轻功"，越墙而走；有的冒着臭气熏天的危险，毫不犹豫地冲入厕所，哪怕闻臭。

熊秉坤见军官们如鸟兽散，便吹响了警笛集合。由于人声嘈杂，响应的人很少。光有枪，没有子弹，白搭，熊秉坤便撬开营中军械库大锁，本以为有子弹，哪知只有 12 把军刀。起义士兵只得将营内剩下的少许子弹装入枪内。

这时，左队司书生周定原对士兵们说："尔辈既已发难，即不应仍守营内，当速到楚望台集合！"

楚望台是什么地方?

是鄂省总军械库，是藏枪炮、藏子弹的地方。

张之洞督鄂以来，从外国买的新式洋枪洋炮和汉阳兵工厂生产的精品枪，都藏在楚望台。

所以，拿下楚望台，不但能得到最精良的枪炮子弹，还能使整个武昌形势转向有利于士兵的方向。

熊秉坤立即率队出营，回顾左右，只有40名士兵跟来，其他士兵都在营内吆喝，仿佛是以声音助阵。

但是此时楚望台已经被工程营左队的士兵拿下。

当工程营内响起枪声的时候，距离1000多米的楚望台已经听到枪声。守库官李克果立即召集左队士兵训话说:“如果不法匪人徒手而来，汝等责任重大，须要抵抗!”

士兵罗炳顺、马荣等人说:“我等未见一颗子弹，何能抵抗?”

李克果回头命军械所主任派工人搬出两箱子弹，分发士兵。

罗炳顺等左队士兵装上子弹后，立即朝天放了一排枪。

李克果等长官吓得越墙而走。

罗炳顺、马荣等人不费吹灰之力，拿下楚望台军械库，并派人接应工程营内起义者。

熊秉坤率兵出营不久，得到这个好消息，兴奋不已，即奔向楚望台与罗炳顺等人会师，并自由取用枪弹。

周定原率领一队人马到达楚望台后，熊秉坤立即集合起义士兵发布命令。

此时，时针指向20时，起义士兵将近300人。

熊秉坤说:“本军应冠以‘革命军’三字，称‘湖北革命军’!本军今夜作战，应以‘破坏湖北行政机关，完成武昌独立’为原则，以督署为最大目标!今夜口号为‘同心协力’!”

显然，起义士兵的革命目标是非常清晰的:直捣湖广总督衙门。

但是说起来容易，做起来不容易。正式宣布作战出发时，熊秉坤发现除了能指挥自己班的士兵外，别的士兵一概指挥不动。因为这些士兵平时都是依赖长官指挥的，所以不习惯一个小班长的指挥。因此，当时场上秩序混乱，队伍很不整齐，七嘴八舌，议论纷纷。

4. 发难总指挥吴兆麟

正在为难之际，巡哨士兵搜到了躲藏在楚望台西南城墙的相当于连长的左队队官吴兆麟。

吴兆麟，字畏三，武昌人，早年在工程营当兵，后入湖北参谋学校学习，“为人沉着，有谋略，军学颇有声誉，士兵多信仰之。”

起义士兵见到连长来了，无不喜形于色，熊秉坤等立即推举他为“发难总指挥”。

吴兆麟毕竟是有水平的军官，他不肯干这往炉火上烤的总指挥。

熊秉坤等哭着哀求说：“队官之道德学问，不独本营同志敬仰，即全军亦素所推尊。我辈今日之举，实出于万不得已，清廷无道，杀我人民。今瑞澂来鄂，遇事横加压迫，任用私人。久仰队官素怀革命大志，今日倡义，即队官立功报国之时，光复河山，挽救同志，此其时也。”

熊秉坤等这番话说得入情入理。吴兆麟说，各位首先发难后，队形紊乱喧嚣，最犯兵家大忌，夜战以肃静为主。既然是革命，就要严守军纪，要绝对服从命令，才有胜算可操。湖广总督瑞澂的凶残是有名的，如果不听命令，万分危险。所以，我担任总指挥，你们必须听从指挥！

熊秉坤等表示服从，于是吴兆麟巡视防地对士兵说：“汝等代表推余为总指挥，汝等愿否？”

士兵齐声说："愿！"

吴兆麟说："愿须听指挥！"

士兵齐声说："听！"

吴兆麟说："违令者斩！"

士兵齐声说："诺！"

吴兆麟立即命令各队马上整队在楚望台西南凹地集合，他发表讲话说："现在我工程营发难已经过去一个多小时了，但是各处还没有响应。我们的处境万分危险。北面有步兵第三十标，西面有宪兵第八营，都是旗人，我们必须先发制人，以猛烈火力击散他们。同时派人前往促使炮队响应，掩护炮兵入城，以壮声威。切断附近所有电线，今晚戒严，口号为兴汉。炮队进城后，齐攻总督衙门！"

时针指向 20 时 30 分，吴兆麟下达命令：

金兆龙、马荣各率一排兵分别从西南面、东面直扑宪兵营。

曹飞龙、黄楚楠各率一排兵分别防卫楚望台西北端、东北端，并向第三十标旗人猛烈射击。

熊秉坤率杨金龙、徐兆斌、汪长林带一队兵马上出中和门，掩护炮队进城。

程定国、杨云开、孙元胜、罗炳顺各带兵六名，切断附近所有电线。

时针指向 21 时，马荣回来报告说，他和金兆龙已经占领宪兵营，斩决旗兵十余名。

吴兆麟即命马荣出中和门接应炮队，金兆龙防守中和门。

离楚望台最近的步兵第三十标第二、三营革命士兵撞开一个墙洞，100 多人抵达楚望台，这是第一支抵达的支援队伍。

接着，持枪的陆军测绘学堂学生 100 多人和步兵第二十九标二营排长蔡济民率 100 多名士兵赶到楚望台。

不久，熊秉坤接应炮八标起义士兵带12门大炮从中和门进城，到达楚望台集合。拥有800多名士兵和多门猛烈火力响亮山炮的炮八标进城，对于武昌起义成功起到了关键作用。炮兵是军中之胆，最能壮军威。熊秉坤兴奋地说：“炮队进城之后，我革命军士气为之一振，武昌完全独立，就是由此隆隆炮声促成！”

时针指向22时，起义士兵总数达到1500名。

吴兆麟当即发表演说：“诸君同志不弃，公举兄弟为革命军总指挥。为民请命，义不容辞。自满清蹂躏我同胞已二百六十余年，近又派瑞澂督鄂，无知无识，骄横已极，残杀我爱国同志，实为人神共愤！今晚首义，虽属瑞澂激成，实为清罪贯盈，天佑汉族。自此以后，即与满清势不两立！”

士兵齐呼：“势不两立！”

吴兆麟接着说：“各队不准有一人擅离队伍；不遵照命令自由行动者死刑；不准侵害中外人民；不准破坏财政机关；同情我们的军队欢迎之，否则灭之！”

众人表示同意。

时针指向22时30分，吴兆麟发布“进攻湖广总督衙门，捉拿瑞澂”的命令：

第一路队长邝杰从王府口向督署进攻！

第二路队长马荣从水陆街向督署进攻！

第三路队长熊秉坤从保安门向督署进攻！

以上三队，即时出发！

程国贞指挥炮八标在中和门城楼和蛇山，向督署开炮！

蔡济民率步兵二十九标掩护炮兵在蛇山安炮，并切断电报局、电话局的电线！

方兴、任正亮率测绘学堂学生防卫中和门正街和通湘门！

李鹏升指挥二十一混成协辎重队和工程队在楚望台空地待命！

总指挥部在楚望台！

起义士兵立即展开行动。

当时湖广总督衙门有被称为最犀利的武器：机关枪六挺，兵力有教练队、巡防队各一营，马队一队，共3000人左右。总督衙门旁边是陆军第八镇司令部。尽管起义士兵与清军力量悬殊，但已经发难，与清朝势不两立，抱着同归于尽的信念，所以个个将生死置之度外，勇猛无比，很有"楚虽三户必亡清"的豪情和壮志。

革命压城城欲摧，势不可挡的暴风骤雨已经狂泻下来，但是湖广总督瑞澂犹在梦中。

5. 湖广总督瑞澂

夜已深，瑞澂在督署上房歇息。

瑞澂，1863年生，号心如，正黄旗人。正黄旗是八旗之首，与清朝皇帝爱新觉罗氏同属一旗，更兼他是鸦片战争时期接替林则徐担任两广总督、后为文渊阁大学士的琦善的孙子，他父亲是历任西安将军、黑龙江将军、杭州将军的恭镗。所以，瑞澂是出身非常好的八旗贵族，仕途按部就班。历任刑部主事、户部员外郎、九江道、上海道、江西按察使、江苏布政使、江苏巡抚、两江总督。1910年5月出任湖广总督。

瑞澂在政治上一方面领衔十八省督抚联名致电军机处，要求速开国会，成立责任内阁，反映立宪官绅商的政治利益；另一方面也全力推行清政府的"铁路国有"政策，声言对争夺路权的官绅商"格杀勿论"。

在维护统治上，瑞澂一向高压到底，以残酷杀人著称。

1911年7月26日，武昌《大江报》发表了一篇署名"奇谈"的文章《大乱者，救中国之妙药也》：

中国情势，事事皆现死机，处处皆成死境。膏肓之疾，已不可为，然犹上下醉梦，不知死期之将至。……此时非有极大之震动，激烈之改革，唤醒四万万人之沉梦。……和平改革既为事理所必无，次之则无规则之大乱。……故大乱者，实今日救中国之妙药也。

这篇文章立即成为武昌街谈巷议的热点话题，人们纷纷猜测作者“奇谈”是谁？有何背景？文章又是如何通过新闻审查的？谚语说：“楚人多谣。”于是各种谣言飞在武昌的大街小巷、深院内室。

很快，报纸送到了瑞澂案头。瑞澂眉头一皱，这文章“居心叵测”，立即谕示：此文“宗旨不纯，立意嚣张。淆乱政体，扰害治安”，着立即查封《大江报》，逮捕正副主编。不久，《大江报》馆被军警查封，主编詹大悲被法庭判处一年半徒刑。

1911年10月9日23时30分，在武昌小朝街85号研究起义的蒋翊武、彭楚藩、刘复基被破门而入的清朝军警包围。刘复基立即从楼梯口往下扔炸弹，吓得军警们忙往后退，可是炸弹落地，却没有爆炸。刘复基便再扔几颗，还是没有响。原来，为了防止炸弹误响，里面的钉子被事先抽掉了。军警们一拥而上，将刘复基、彭楚藩逮捕。而起义总司令蒋翊武因为拖着辫子，穿着长衫，像个乡间百姓，不像革命党，他趁看守人不注意，得以逃脱。当天夜里，瑞澂就命军事参议官兼湖北督练公所总办铁忠、湖北布政使连甲与武昌知府会审。

彭楚藩、刘复基、杨洪胜一入法堂，都“慷慨激昂，高声叫骂”。

铁忠问：“你们为什么谋反？”

彭楚藩说：“谋反救国！”

铁忠问:“你是革命党吗?”

彭楚藩说:“不错,我是革命党!”

铁忠看到彭楚藩穿着宪兵制服,便说:“你本是一个宪兵头目,只怕不是革命党吧!”

彭楚藩说:“你说我不是革命党,我就不是革命党吗?”

铁忠说:“你既是宪兵头目,转瞬就要升官,朝廷待你不可谓不厚,你为什么盲从、听人诱惑?”

彭楚藩说:“满清亲贵,只知卖官鬻爵,鱼肉百姓,伪称立宪,愚弄汉人。昏庸纨绔,盘踞高官,玩国家如同儿戏。今瑞澂督鄂,专横放纵,对汉人则遇事压抑,对满族则一味徇私。满人即使蠢如鹿豕,亦能据高位;汉人即令才迈萧曹,亦不得一官。满汉界限既深,苛政尤猛于虎,所以非推倒满清政府不可!”

铁忠问:“你们革命党有多少人?”

彭楚藩说:“凡属汉人,都是革命党!”

铁忠说:“胡说,我也是革命党么?”

彭楚藩说:“你是满人的奴隶,是汉奸,不够革命党的资格!”

接着又问刘复基,刘复基说:“你们何必问东问西,好汉做事好汉当,今天的炸弹就是我放的!”

铁忠便对武昌知府说:“这也不是一个好东西,索性结果了他!”

接下来又问杨洪胜,杨洪胜大骂:“狗奴才,只管杀吧,只怕你们也有这一天!”

这时天将报晓,铁忠等人便把供词送到瑞澂面前。

瑞澂大怒,立即下令将三人斩立决。

这时是10月10日早上7点,三位烈士被斩首于总督衙门前左首边。就义前,刘复基高呼:“汉人万岁!中国万岁!”

杀了这三人后,瑞澂想来个斩草除根。于是下令关闭武昌各城门，军警戒严，全力搜捕。以致武昌城人心惶惶，空气紧张，谣言四起。

湖北布政使连甲是个有见识之人，就对瑞澂说：“大帅不应杀人太多，恐激而生变！”

少年时代就纨绔成性、位在“京城三恶少”之列的瑞澂，无奈纨绔积习已深，以为武力可以摆平一切，又加上铁忠等人从旁附和，竟说：“革命党人非斩尽杀绝不可！”

其乱不败，自乱必败。

瑞澂决定向自己手下的军队下手，他命令湖北提督、陆军第八镇统制张彪逮捕军队中所有革命党嫌疑人。

这是开启清王朝完蛋之门的最致命一着。正如曹雪芹《红楼梦》里，被称为“又红又香，无人不爱的，只是有刺扎手”的玫瑰花的贾探春所说：

“可知这样大族人家，若从外头杀来，一时是杀不死这些的。必须先从家里自杀自灭起来，才能一败涂地。”

小到家族是这样，大到国家何尝不是如此。天作孽，犹可活；自作孽，不可活。

纨绔子弟的习气就是大手一挥，搞定一切，没有搞不定的；摆平一切，没有摆不平的；收服一切，没有收不服的。哼哼，我大清朝，文治武功，威武。

显然，瑞澂把谋反问题扩展到军队，无疑把问题扩大化了，搞得军营风声鹤唳，军心不稳；军心一乱，兵变蜂起，最终祸起肘腋。

48 岁的瑞澂使劲搬起石头想砸死别人，却把自己的脚先砸碎了，顺便还给 268 岁的清王朝，打造了一副预备寿终正寝时使用的活火山棺材。

6. 湖北提督张彪

瑞澂是总督，是两湖的主子，是封疆大吏，也是两湖军队的最高指挥者，是瑞大帅，他的命令作为一省最高军官的湖北提督张彪也不敢不听。于是张彪传谕各协、标、营长官严密搜查军营中革命党嫌疑分子。但张彪深知其中利害，不敢查办过度。不查，彭楚藩又是他的宪兵部下，担心瑞澂借此撤他职；查，又担心士兵哗变。所以张彪打算能敷衍过去就行了。事实上，这是他作为一名职业军人的最佳选择，也反映了一名高级军官的军事素质和经验。

张彪，1860年生，字虎臣，出身贫寒，拉煤为生，身材魁梧，武功高强，后得张之洞赏识，视为心腹，从此平步青云，协助张之洞创建湖北新军。以勇敢和军事才能，先后被清政府授予“壮勇巴图鲁”和“奇穆钦巴图鲁”荣誉称号。1908年授湖北提督，1911年授陆军第八镇统制。

按说这事过去也就过去了，然而人算不如天算。

瑞澂的心腹、水师统领陈得龙和铁忠，从部下那里得到报告说，步兵第三十标排长张廷辅是革命党，小朝街85号正是他家。陈、铁二人立即报告瑞澂。

瑞澂如获至宝，即命张彪派兵到第三十标拿下张廷辅，当着众士兵之面，把张廷辅戴上脚镣手铐，推进小轿，送到督练公所。审讯之后，拟于午时12点正法。铁忠便请示瑞澂，瑞澂写下手谕：“拿获党人，不必细问，一律正法，毋庸优柔！”

张彪因部下里面又被拿出一个革命党，忙惊慌地问左右：“各营长官中还有革命党吗？”

回答说，人数不少。

张彪更加惊慌，拿还是不拿，是一个问题。

那时天色黄昏，估计是下午 6 点左右，离第一枪打响只有一个多小时。

这时，铁忠来传瑞澂的命令：今晚各营，务必严加戒备，再有犯法之举，将对该营长官处以极刑，灭其九族。

上有重压，下必爆发。因此 10 月 10 日晚上的武昌新军各营长官巡查十分严格，客观上使本已气氛紧张的军营，成为随时可以引爆的火药桶。故而出现了工程八营后队排排长陶启胜与士兵金兆龙的冲突。这个冲突看似偶然，实则是紧张气氛之下的必然。正如弦绷得太紧必断，只是断的时间点不确定罢了，断点具有偶然性。

10 月 10 日这个夜晚，作为湖北新军的最高长官的张彪注定无眠，好在还有他的四姨太陪在身边聊天。

由于 19 时起义的工程八营已切断工程营通往司令部的电话线，张彪无从知道工程营首义。大约 19 时半左右，司令部接到城外辎重、工程两队士兵兵变的电话，张彪认为这是无关紧要的小摩擦而已。大约 20 时左右，张彪得知城内工程八营兵变，心里开始发慌。在四姨太的安慰之下，张彪用电话传谕各营竭力保持镇静。

坐在自家公馆椅子上的张彪面如土色，手在发抖。

21 时左右，传令官进来报："大人，炮八队全体士兵响应兵变！"

张彪大惊，800 炮兵全部响应革命，那武昌就完蛋了。

张彪一时心急如焚，忙问："其他各营情况怎么样？"

传令官说："有未动的，有向楚望台集结的！"

张彪仍不失为一个久经考验的军事统帅，忙说："传本提督命令：第三十二标第一营立即警戒，镇压起事之兵。命李襄阳率左路迅速占领长街，抵御从武胜门进来的兵变士兵；白寿铭率右路占领保安门，堵击兵变士兵袭击督署。蛇山以北，长街以东，警察立即戒严。”

调兵遣将的命令虽然传下去了，但是张彪还是坐立不安，加上他身边的卫士和四姨太都说各营都潜伏有革命党，一旦动手，将无法挽回。张彪还狐疑不定，四姨太当场跪在他面前哀求暂时躲避，迟了就来不及了。

一会，第八镇司令部一个亲信职员求见，此时已草木皆兵的张彪怀疑此人与革命党有关系，因而不准他进入公馆。

不久，张彪公馆的电话也不通了。

张彪束手无策，只得紧闭大门。

突然，离公馆不远的督署传来数声炮响。

四姨太吓得拽住张彪的手，胆战心惊地听着外面接连不断的、隆隆的猛烈炮火。

7. 炮击湖广总督衙门

22 时 45 分，程国贞指挥炮兵在中和门城楼上架上一排大炮，炮口直指湖广总督衙门。

炮兵战士们装好炮弹后，程国贞将令旗一挥，一声“放炮”，一排炮弹立即朝督署直射过去！

炮弹穿越夜空，直插督署大楼。

一阵猛烈的巨响，震得庄严堂皇、戒备森严的督署一片混乱，平素装得人模人样的督署官员个个现出原形，惊慌失措，六神无主，仿佛末日来临。

听闻如此猛烈的炮声，以镇压革命人士心狠手辣著称的瑞澂“心惊胆落，不能自主”，一屁股如烂泥似的瘫在乌木大椅上，半晌说不出话来。

心腹统领陈得龙忙从旁边大义凛然地说：“卑职保护大帅，万死不辞！”

瑞澂心想，你还保护我，炮弹落在头上，大家都要死，便说：“炮弹厉害得很，要是落一颗下来，可不得了！”

话音刚落，一颗炮弹落在督署前院，轰隆一声炸得青砖开花。

瑞澂惊惶地站起来问左右：“往哪里避？”

陈得龙说：“大帅，去楚豫舰！”

官越大，越怕死，此时已草木皆兵的瑞澂犹如抓住一根救命稻草，心想，楚豫舰进可以指挥清军，退可以顺江而下，是最安全的地方。忙说：“好，就去楚豫舰！”

陈得龙立即对随从说：“速去大门给大帅备车！”

瑞澂将手一摆，说：“不可！督署大门炮火如此集中，危险得很！”

陈得龙忙低头说：“卑职无知，请大帅训谕！”

瑞澂说：“派人去后园墙打一洞！”

陈得龙忙昂首对随从们说：“蠢货们，外面的炮打得这么猛烈，还愣着干啥！再愣着，老子毙了你们，还不快去打洞！”

随从们哪敢怠慢，急忙去后花园打洞。

一刻钟后，随从来报：“大人，洞已打好！”

陈得龙忙对瑞澂说：“请大帅速行！”

就这样，湖广总督瑞澂带着细软和几个姨太太以及铁忠和一个排的卫兵从墙洞离开督署衙门，逃往楚豫舰。后人把这墙洞戏称为“狗洞”，是一种戏谑的想象，实际并非狗洞。从技术上讲，打一人高的洞并非难事。从情理上来讲，堂堂总督大员的瑞澂再怎么狼狈，也不可能当着这么多人的面，像狗一样从狗洞里爬出去。更何况，当时炮弹最远也只落在督署前院，后园还是相对安全的，没有到打一个小狗洞就急着要钻的地步。所以，看历史还是要讲常识。

两湖的“领头羊”都溜了，下面的官自然也如鸟兽散。见瑞澂都跑了，湖北布政使（相当于省长）连甲、湖北按察使、湖北提学使、湖北交涉使、湖北盐法道、武昌知府、汉阳知府都弃了职责，各顾身家妻妾子女以及金银财宝，想方设法，先走为快。唯有一个湖北提督张彪还敢和革命军正面交锋，坚持抵抗了一阵，最后见瑞澂竟提前开溜，也安置家眷，收拾细软，率领残部过江，退守到车站去了。咸丰年间的洪秀全起义，各地都有坚守城池而死的封疆大吏，也有因战败深感守土失责而自杀殉道的督抚大员，而今武昌起义，大小各官无人坚守，更无人殉道。

8. 唯利是图，无药可救

清末已经是一个无道可殉的时代，道德沦丧，唯利是图，吏治败坏，贿赂公行，官员已经卑鄙无耻到极点，就连最高统治者慈禧太后亦贪货自喜，而内阁总理大臣庆亲王奕劻更是清末著名的大贪官。

晚清失道始于利，“德宗（即光绪）末年，天下唯论财货”。通俗点说，就是只认钱。认钱便不认人，不认人便只行贿，于是天下贿赂成风。而贿赂之风，出于宫内。慈禧以督抚大员们的“贡献”来判断亲疏，并据此决定是否重用。遇到慈禧生日，举国大员们忙成一团，花重金买通太监打听慈禧的喜好，争相贡献新奇的礼物，因为一般的礼物慈禧看都懒得看。将“荼毒人命”读成“茶毒人命”的军机大臣刚毅就花重金买通太监，把他送的12面雕花屏风放在慈禧必经的醒目之处，结果慈禧看到大悦，直接放到自己的卧室，从此刚毅官运亨通。直隶总督袁世凯送给慈禧一双价值70万金的珍珠宝鞋，因此步步得意。慈禧爱又麻雀，庆亲王奕劻便经常派自己的老婆和女儿去宫内陪慈禧打麻将，每次打牌故意输给慈禧几万金。所以无论有多少御史多少次弹劾庆亲王“老奸窃位，多引匪人”，庆亲王照样不倒，御史反被训斥为

"任意诬蔑，似此信口雌黄，意在沽名，实不称言官之职"。就连皇帝也得行贿，光绪帝每次给慈禧请安，都得交纳五十金。慈禧主政四十年，藏宝三大屋，总共三千箱，其他金银更不计其数，难怪军阀孙殿英盗慈禧的定东陵，说是为了革慈禧的命。慈禧专横狠毒的心思和阴险狡诈的手段以及喜贿，使晚清政治派别互相倾轧和整个官场的腐化堕落愈演愈烈，官员每日"游戏做官，认真做戏"，个个都是影帝，早上到各大衙门签个到，晚上到八大胡同嫖个妓。由于有歪才无正德的慈禧违背了清朝后宫不得干政的祖制和倡行节俭的祖宗家法，唯利是图，纳贿贪利，使日薄西山的清朝更加摇摇欲坠。

庆亲王奕劻是清朝继和珅之后最大的贪官，私人财产达一亿两白银以上。和珅尚多才多艺，且办事精明，把乾隆末年的政事办得井井有条，国家升平。而奕劻虽住地安门和珅旧居，却只知道受贿，卖官鬻爵。

后人用"权位势利"四个字来评价晚清四大军机首揆，恭亲王"鬼子六"算是有权，做了一些好事，出现"同光中兴"的景象；礼亲王世铎只能保位，墨守成规而已，还不会出什么大事；荣禄善于迎势，拍慈禧的马屁，却出现庚子事变。"至庆王唯知为利，愈趋愈下，更无论矣！"

奕劻很能装，利欲熏心却自称"澹如斋主人"。说得比百灵鸟还好听，说什么"留有余不尽之禄，以还朝廷；留有余不尽之财，以遗百姓"，做的却全是可怕的事情。

奕劻一入军机领班，便目标很清晰：把官场变市场，每个官位，根据肥瘦，明码标价，把官位当猪肉卖。

要买官的人，先带着礼物，打点庆王府门卫 72 两。若是想省门卫费，那是万万见不到庆王的。虽然庆王府门口有庆王的亲笔手谕："严禁收受门包！"但门卫会实话实说："王爷的话不能不这么说，大人你这个钱也不能省！”

见到庆王首先送上礼单，寒暄一阵，闲话之中了解要求哪个官。

最后，庆王照例像说梦话似的说：“你姑且回去等着，得到膏腴的好地方了！”

“膏腴”就是索贿的隐语。

得到官缺后，要立即带着几千到几万金的红包来回拜。辞别时，从袖子中拿出红包，注意千万不要沾到庆王的手，而要像投篮似的直接投入桌案旁边的筐里，同时说：“为王爷备赏！”

庆王便说：“千万不可！”

听了这话，不用不好意思，直接告辞出门就是了。

人一走，庆王爷便现出了原形，开始数钱，并登记入册，某人某缺多少钱，然后把钱存入内库，上锁，回头再看一眼锁，又用手摸一下锁。最后放心地恢复到道貌岸然的状态。

由于庆王掌握卖官权，所以庆王府门庭若市，人们戏称为“老庆记公司”。

庆亲王如此疯狂地卖官，引起了御史们的弹劾。

湖南湘潭人赵启霖时为都察院御史，1907 年 3 月，赵御史以黑龙江巡抚段芝贵献妓行贿庆亲王父子上折弹劾：

> 段芝贵，人本猥贱，……其人其才，本不为袁世凯所重，徒以善于迎合，无微不至，虽袁世凯亦不能不为所蒙，……以一万二千金，于天津大观园戏馆，买歌伎杨翠喜，献之载振，其事为路人所知。复从天津商会王竹林借十万金，以为庆亲王奕诓寿礼。……奕诓、载振等，因为之蒙蔽朝廷，遂得署理黑龙江巡抚。……在奕诓、载振父子，以亲贵之位，蒙倚俁之专，惟知广受赂遗，置时艰于

不问，置大计于不顾，尤可谓无心肝。……交通贿赂，欺罔朝廷，明目张胆，无复顾忌，真所谓是可忍，孰不可忍矣！

载振是庆王的儿子，时任御前大臣、领侍卫内大臣、农工商部尚书。杨翠喜是美女，天津名旦，以演出《卖胭脂》出名。1906年，载振路过天津，到大观园看戏，对才色俱佳的杨翠喜垂涎三尺。善于察言观色的直隶候补道段芝贵便花了12000金买了杨翠喜，让载振金屋藏娇。1907年春天，段芝贵带着十万金和杨翠喜到京城给庆王祝寿，将杨翠喜献给年轻力壮的载振，钱财就给了老迈贪财的庆王。段芝贵因此得升黑龙江巡抚。

朝廷得知，颜面无存，即将段芝贵革职，派醇亲王载沣和大学士孙家鼐“彻查此事”。结果庆王府事先做了手脚，查到载振纳杨翠喜的事时，便已经是“事出有因，查无实据”。到了载振这个级别，便查不上去了。结果上谕称“该御史于亲贵重臣，名节攸关，并不详加访查，辄以毫无根据之词，率行入奏，任意污蔑，……赵启霖着即行革职，以示惩儆”。同时，为了息天下人之口，载振自请辞职，庆王批准开去载振一切差事。

1910年2月，御史江春霖又上折弹劾庆王结党营私，江苏、江西、山东、陕西、安徽五省巡抚，直隶总督、邮传部尚书、山西布政使等人都是庆王私人。朝廷得奏，竟要求江春霖明白回奏直督是庆王干儿、皖抚是载振干儿的证据。江御史无奈，反遭朝廷传旨申斥：“亲贵重臣，固不应任意诋诬，即内外大臣，名誉所关，亦不当轻于诬蔑，似此信口雌黄，意在沽名，实不称言官之职。”

1910年，清朝财政紧张，决定发行公债，要求自王公大臣到芝麻小官都要认购。而身为百官之首的内阁总理大臣庆亲王奕劻和内阁协理大臣那桐却并不积极响应，而是一起商量如何规避，避免承担责任，结果两人决定在报纸上登广告卖家产哭穷，于是“老庆卖车马，老那卖房屋”的广告出现报纸上。第二天，两人在朝堂相遇。

那桐笑道：“王爷卖不值钱的车马，反让人怀疑，卖房屋才是上策啊！”

庆王“嘿嘿”笑道：“若是皇上强迫认购，就是宣言卖身，也没有什么用！”

说完，庆王和那桐击掌狂笑。

两位国家最高行政长官都如此推卸责任，置国计民生于不顾，玩国家于股掌之中，更遑论其他官员了。至于老百姓死活，哪里还管得了。

一个政府唯利是图，便无药可救了。召乱之道，莫不因利。利便虚，虚便假，虚假便不负责任。一有事，便推卸责任，玩忽职守，因为出发点全在于私利。所以，瑞澂等大小官员，一听到炮响，还没见人，便提前逃跑。其实，当时革命军的炮弹数量有限，扔的多是用白布包着牛奶罐、香烟筒、灯泡的“假弹”。虽然响声很大，但炸不死人。

油脂蒙心的官员们长期养尊处优，生活在“虚假”中，已经失去了辨别真假的能力。此外，亏心事、缺德事、卑鄙事做多了，一听到炸弹响，便风声鹤唳，草木皆兵。哪里还能辨别真假，早已吓得半死，便以假为真了。

当然，最重要的是，当时天下，人心已去。苍天已死，黄天当立，革命的趋势不可逆转。丧钟已经敲响，清王朝离完蛋已经不远！

9. 拿下湖广督署，武昌起义成功

10 月 10 日 23 时，起义军暂停炮击。

督署大门和藩署号房已被密集的炮弹烧毁。

起义军兵分三路直扑督署，不料清军在督署衙门的机关枪火力猛烈，轮番扫射。此时，清军的指挥是张彪。张彪安排好眷属后，亲自上阵和起义军交手。

起义军死伤一片，一时受阻，不能前进。工程营两位勇士立即伏地，像蛇一样前行，爬到机关枪下，突然狂呼跳起，两人一举夺得机关枪，反向狂射，清军倒地一片。

张彪忙指挥清军退进督署门内，仍举着机关枪防御扫射。

起义军死伤者越来越多，无法攻入督署，一时处于相持状态。

时间在分分秒秒的过去，冲上去的人一个个地倒下。然而起义军步兵的勇敢丝毫不减，前仆后继地往督署大门冲。

机枪子弹在血光中纷飞，起义者的血肉横飞。

时针指向24时，天空黑云密布，下起了小雨，由于各处电线均已切断，武昌全城无光，清军机关枪也逐渐找不着对象，而起义军炮兵也无法发挥作用。

吴兆麟、熊秉坤、蔡济民、马荣等忙将附近衣服店所存的衣被及其他可燃物拿出来，浇上煤油点燃，一时火光冲天，督署通明。

吴兆麟命令士兵趁着火光猛射督署，又派士兵通知炮兵趁着火光猛烈轰击督署。于是炮兵用排炮猛轰督署大堂、签押房和第八镇司令部马房，不一会儿就将其轰毁。

瑞澂胆小如鼠，打洞而逃。

尚未知瑞澂已逃的张彪仍在抵抗。

熊秉坤等率敢死队往张彪所在处猛扑。

起义军迅速占领第八镇司令部。

起义军抓到一个督署差役，差役说瑞澂打了一个洞，从文昌门逃往楚豫舰。

吴兆麟大喜，命将瑞澂逃走的信息散布于各起义军。

起义军闻讯，精神百倍，越战越勇，而清军士气大挫。

炮兵的轰击更加密集，督署已成一片火海。

这时，一个随从跑到张彪身边报告说：“瑞大帅已撤往楚豫舰！第八镇司令部已被占领！叛军炮火太猛，请将军速撤！”

张彪见大势已去，无心恋战，派船将家眷先行送往汉口，便率领辎重第八营撤出督署，渡江至汉口刘家庙车站退守。

时针指向10月11日5时，天将破晓，起义军完全占领湖广总督衙门，标志着武昌起义成功。

起义军用白布为旗，遍插武昌城，并用白布缠手臂，威风抖擞。

吴兆麟又命起义军防守武昌各城门，炮队对不响应革命的军队各营施以威吓，同时派人以大义晓谕各行政机关、学校响应革命，否则以炮击。各营、机关、学校不敢不响应，都缠上白布，表示顺应革命。

总观武昌起义军人数仅2000余人，而且枪弹有限，炮兵在夜间也难行。而清军第八镇在武昌城内有步兵四个标（团），还驻扎有马队、炮队、工程、辎重、宪兵各营。如果瑞澂不逃，清军在城内任何一个团都可以摆平起义军。然而人心已失，武力多亦无用，所以起义勇士振臂一呼，四方响应，一夜之间，首义成功。

武昌起义的成功，有如晴天霹雳，震撼了全国，使麻木已久的人们兴奋起来，时刻关注着武昌的态势变化。10月12日出版的上海《民立报》说：

> （本报记者八月二十日汉口专电）：十九日武昌兵变，闻有革党乘势起事，武汉间交通已断。……闻此次变乱，军中先有警告，散步甚广。瑞督先他往，故城内防驰。现在武昌已为兵党占据。

10月13日，该报又发表署名骚心（即于右任）和孤鸿（即章行严）的评论文章。

骚心在《长江上游之血水》说：

> 此三日间，天地为之变色矣！噫！革命党者，万恶政府下之产儿。故有倒行逆施之政府，欲求天下不乱而不得。何也？制造革命党也！天乎天乎，谁为祸首？使天下糜烂至此，政府尚不自罪？

孤鸿在《呜呼！大江之上游》说：

> 天运辛亥，其诞生革命之岁乎，诚有史以来所未有也！

10. 被赶鸭子上架的黎元洪

起义成功之后，就要成立军政府，那么谁来当这个军政府的都督呢？

这是一个很重要的问题。在当时形势不明和前景不定的情况下，谁也不敢轻易出来当这个都督。说得好听点是首脑，说得不好听是贼头。在“成则为王、败则为寇”的传统评价语境中，谁都会考虑名声。更何况当时清廷还掌控着全国，起义军只是占领武昌城而已。所以，当时找个人出来当都督竟是一件令人头痛的难事。

起初，起义军打算寻找第八镇统制张彪请示维持秩序，虽然双方在督署交火，但毕竟是湖北新军发号施令的最高长官，那份感情还在的，不料张彪早已离开武昌，去了汉口。

显然，吴兆麟虽为发难总指挥，但是起义成功后，在讲究资历和军职高低的军队里，仅仅是一个队官（连长）的吴兆麟也无法指挥得了各军。需要一个更高职位的军官来指挥起义军，于是藏匿在武昌的第二十一混成协协统黎元洪被赶鸭子上架了。

黎元洪，字宋卿，湖北黄陂人，毕业于北洋水师学堂，当海军七年，甲午之战后获张之洞赏识，随到湖北练新军，从马队管带升到协统（旅长），并去日本考察军事，治军甚严，待士兵宽厚，优待文人。与张彪贪刻自肥相比，黎元洪比较公道，因而很得士兵欢心。黎元洪还同情“保路运动”，因而革命党对他抱有好感。但黎元洪在10月10日夜亲手砍死起义军派往他的部队第三十标传信的革命勇士周荣棠。当时第三十标的守兵也发生兵变，再加上蛇山上炮声隆隆，面临巨变的黎元洪焦灼万分，左右随从见形势不妙，便请黎元洪逃到亲信参谋刘文吉家。于是黎逃到刘家。黎元洪因杀了革命士兵怕遭士兵报仇，心里发虚，便提前留了遗言，连夜托孤，将金钱、田地、现金、金表一对、家属儿女托付给刘文吉照料，只在刘家等着死期来临。不料命大福大，竟成为军政府的都督，后来还当了“中华民国”的首任副总统。当了副总统，福分尚未尽，后来竟当上了“中华民国”的大总统。

这边，10月11日上午，吴兆麟派人分请湖北各界热心革命的达人中午到咨议局开会。

一会，马荣和程定国进来报告说：“抓到黎元洪的卫兵，黎元洪尚在武昌城内！”

听到这个消息，众起义指挥官兴奋不已。

吴兆麟说：“你二人速带两个排，将黎协统带到楚望台来！”

马、程二人便在卫兵的引领下，走到黄土坡刘文吉家。先将刘家四面包围，然后破门而入，直闯卧室。黎元洪形容憔悴，见是工程营的士兵，便说：“你们有什么事？”

马荣说："奉总指挥吴兆麟之令，特请黎协统到楚望台有事相商！"

黎元洪说："吴畏三是我的同学，富有军事学识，有他就足够了！"

程定国大声说："时势危急，从就生，不从就死，协统自己选择！"

不得已，黎元洪随同去了楚望台。

黎元洪到达楚望台时，吴兆麟命令各军举枪吹号为礼。

当时黎元洪穿着灰呢长夹袍，面带愁色，样子很烦恼。仿佛说，你们再怎么造反，也不能叫我啊！

和吴兆麟见面时，黎元洪还以长官的口吻责备说："你为什么要革命？这是要诛灭全家的事！你的学问很好，资格也很深，万不该与革命党共同革命！你若不革命，在军队晋升很容易！请你快叫大家各自回营！事情闹大了，更不得了！"

吴兆麟默然不语。

黎元洪的话很厉害，要是起义军各自回营，那昨晚岂不白折腾一晚？武昌起义也会因黎元洪这句话死在摇篮中。但是箭已发出，势不可挡，黎元洪这句话已经起不了大作用了。

听了这段话，马荣在旁边大怒："我们同志很抬举你，你反而不识抬举，叫我们各自回营，待瑞澂派人来杀！你昨夜亲手杀了我们传信的同志周荣棠，我们尚未向你问罪。今请你来，又公然反对我们！你就是一个汉奸，我们就要杀你！"说完，拔出刀向黎元洪猛砍。

吴兆麟忙喝止马荣。

黎元洪的随从王安澜说："马荣你不应如此野蛮！"

听了这话，马荣如火上浇油，气急之下，又拔刀砍向王安澜。

吴兆麟忙拦住马荣。

当时场面尴尬，群情激愤，纷纷举枪，几乎无法收场。

吴兆麟镇定而从容地向马荣众人解释说：“黎统领素来是很爱护我们的，刚才所说的话，是关照我们，看见我们同志太辛苦了，暂请大家回营休息。黎统领自有维持之法！”

群情安静下来。

吴兆麟低声对黎元洪说：“请统领暂且容忍。因昨晚杀人太多，此时都怀着一股激愤之气，稍不如意，即动起手来，反而对统领面子不好看。”

黎元洪见士兵们手指都扣着扳机，情势不妙，不敢再说什么。

吴兆麟又对黎元洪说：“瑞澂自督鄂以来，措置无方，激起湖北军队全体革命，足证清廷无道。今闻瑞澂与张统制等均已出走，仅统领一人在武昌城内。统领素爱军人，甚得军心，事已至此，实属天意，只好请统领出来维持大计！”

黎元洪依旧默默不语。

一会，吴兆麟命备马，让黎元洪上马，在马荣带领的一排士兵的护送下，前往咨议局。

时针指向下午13时40分，吴兆麟、黎元洪等抵达咨议局。湖北各界革命达人已经在里面等候，这些达人里面有湖北咨议局议长汤化龙、胡瑞霖、张振武、李作栋、陈磊、李翊东、蔡济民等，众人公推汤化龙为会议主席。

汤化龙首先发言说：“革命事业，鄙人素表赞成。但是此时武昌发难，各省均不晓得，须先通电各省，请一致响应，以助大功告成。况瑞澂自遁走后，必有电报到北京。清廷闻信，必派兵来鄂，与我们为难。此时正是军事时代，本人非军人，不知用兵。关于军事，请诸位筹划，本人无不尽力帮忙！”

吴兆麟接着发言说：“汤先生所说极是，但起义后，军民两政实繁，兄弟拟向在座诸位同志先生提议，公举黎元洪统领为湖北都督，汤化龙先生为湖北民政长。”

众人都赞成，黎元洪忙起身说：“我不能胜任都督之任，我先要回家看一下！”

黎元洪如此说，估计是借口回家，趁机溜走。

众人不同意，都说：“黎统领是湖北人望，深得军民之心，担任都督是最合适不过的，况且统领家中已派兵保护，没有什么事！”

黎元洪忙说：“勿害我！勿害我！”

李翊东立即拔枪指着黎元洪说：“你做满人的奴才，本来就该杀；现在不杀你，反而推举你做都督，你却还不答应，你甘心做满奴吗？你这天生的奴性，还想着戴满清的红顶子！我先把你杀了，再举他人！”

黎元洪大骇，陈磊、蔡济民忙阻止李翊东。

众人决定把黎元洪软禁起来，以他的名义发布文告。于是当天下午，武昌街头出现了《中华民国政府鄂都督黎布告》，号召人们“共图光复事业，汉家中兴立期，建立中华民国，同胞其勿差池”，落款日期为“黄帝纪元四千六百〇九年八月二十日”。

就这样，黎元洪被赶鸭子上架，成了军政府都督。

第二部分

奇人异事

战国淳于髡一次饮酒40斤

那时候，淳于髡在齐国是上门女婿。虽然高度不满七尺，但为人幽默滑稽。数次出使诸侯，不辱使命。

齐威王喜欢长夜之饮，白天就睡觉，把政事委托给卿大夫处理。百官处在荒唐混乱之中，诸侯国侵略边境，国且危亡，危在旦夕。齐威王的左右亲近之人都不敢说什么……

齐威王除了爱酒色，就是喜欢听隐语。

淳于髡口才极好，善于说隐语，考虑到齐国迫在眉睫的危机，他决定通过说隐语来劝谏威王。

某一个夜晚，在灯火辉煌的宫殿里，美女们翩翩起舞。在美酒与靡靡之音的暧昧中，淳于髡拿捏杯，樽中酒未饮，两眼凝视着陶醉的大王。

“先生有话要说?”大王似乎并没有醉。

“王，国中有大鸟，歇在王的庭院里，三年不飞又不鸣，王知此鸟是什么鸟?”说完，淳于髡举杯一饮而尽。

“哈哈……哈哈，先生有所不知，此鸟不飞则已，一飞冲天；不鸣则已，一鸣惊人!”说完，大王举杯，一饮而尽。

不久，齐威王召见七十二个县令长，奖赏其中优秀清官一人，杀掉其中腐败贪官一人。齐军奋勇出击，诸侯震惊，争先恐后地归还侵齐之地，齐威王的威望风行天下三十六年。

威王八年，楚国雄兵攻打齐国，齐威王派遣淳于髡去赵国请救兵。

“先生，这是送给赵王的一百斤黄金和十乘车马！”临行时，威王神情郑重地说。

淳于髡仰天大笑，笑得帽子都掉下来了。

“先生少之乎？”齐威王不知淳于髡何以如此狂笑，随从更是莫名其妙，找不着北。

“不敢嫌少！”淳于髡接过随行人员拾起的帽子，弹掉尘土，戴上。

“笑岂有说乎？”威王问。

“今天，臣从东边来，看见路旁有向神灵祈求丰收的人，操一猪腿，一盂酒，口中念念有词说：‘高处狭地，多收满笼；下处之田，薪草满车；五谷丰熟，穰穰满家。’臣看他拿出的东西很少，而想要的东西却那么多，所以就笑了。”

威王大笑，下令加黄金千溢，白璧十双，车马百驷。

淳于髡到了赵国，送上礼物。赵王立即发精兵十万，兵车千乘。楚军闻风丧胆，连夜火速退兵。

威王大悦，赐酒淳于髡，又是一个长夜之饮。

富丽堂皇的后宫，宗室大夫，主客云集，郑卫风骚之乐轻抚耳际，美人俏舞巧笑倩兮，美目回眸，百媚生兮，香风所至，酒樽里的美酒泛起几丝涟漪，波光滟滟。

“先生，能饮几何而醉？”酒至酣处，威王问。

“臣饮一斗亦醉，一石亦醉。”

“先生饮酒一斗就已经醉了，怎么能饮一石呢？其说可得闻乎？”

“大王赐酒的时候，执法在旁，御史在后，我跪在地上，惶恐而饮，不过一斗就醉了。若是长辈有贵客，我收袖小跪于前侍酒，赐我余酒，奉酒尊祝健康长寿，如此几番起来敬酒，不过两斗就醉了。若朋友交游，久不相见，偶然相逢，欢然道故，私情相语，可以喝五六斗才醉。若是男女杂坐，行酒投壶，相互勾引，前面有掉下的耳环，后面有遗落的发簪，我私下里喜欢这样，可以喝八斗而只醉两分。天黑之际，酒意正浓，酒樽相合，男女同席，杯盘狼藉，堂上烛灭，主人送客，留我坐下，美人依偎怀中，红颜妩媚，纱罗襦襟解开，我微微闻到肌肤的香泽。当此之时，我心最欢，能饮一石。所以说，酒极则乱，乐极则悲，万事尽然。”说完，淳于髡举杯敬酒于威王，一饮而尽。

那么，淳于髡能饮一石，一石酒到底是多少斤呢？

《国语·周语》中有“重不过石”，注释为：“石，百二十斤也。”

《汉书·律历志》记载，三十斤为钧，四钧为石。所以说，在古代一石等于120斤。

据林甘泉主编的《中国经济通史·秦汉经济史》，汉代一斗为2000毫升，一石为20000毫升。现在一斤是500毫升，那么，一石酒，在汉代是40斤。

虽然汉代的度量衡和战国不一样，但大概相差不多。按常理来说，喝120斤酒不可能，喝40斤酒也不太可能。淳于髡能饮这么多酒，不只是豪饮的问题，简直是史上最能喝的饮酒者。

“善！”威王起身敬酒，“今晚就到此为止！”

从此，齐威王不再做长夜之饮。

淳于髡以他幽默和智慧的隐语，得到了威王的信任与重用，被任命为诸侯主客，每当齐国宗室摆酒宴的时候，淳于髡常常在座。司马迁说：“天道恢恢，岂不大哉？说话微妙中肯，也可以解决纷扰。……淳于髡仰天大笑，齐威王得以威行天下，岂不也是很伟大啊！”

楚国音乐人优孟的幽默

优孟是楚国的音乐人，高八尺，在古代算是很高的帅哥了，我们熟悉的诸葛亮和赵子龙也都是“身长八尺”。

优孟不但歌唱得好，而且口才也好。谈笑之间，话语里带着绝妙的规谏，常常使人受益。

当时楚庄王爱马，给心爱的马穿上绣着精美花纹的衣服，住在华丽的屋子里，睡在铺着席子的床上，用珍贵的枣脯来喂养。

然而马却肥死了。

楚庄王很伤心，他想以大夫的葬礼来葬马，把马放在大夫级别的人才可以躺的棺椁里，并选择了一风水宝地为马的陵墓。

楚庄王的想法引起了争议，很多人认为不可。

楚庄王看着心爱的肥马儿，满脸凄容，大家的意见让他很生气，于是下令：“有敢以马谏者，罪至死。”

谁敢再说不行，就是死罪。

大家不敢再说什么。

优孟听说这事，便入宫仰天大哭，那哭声感天动地，比亲人去世还伤心欲绝。

楚庄王大惊，难道还有跟我比伤心的人？

“先生，您哭什么？”庄王请优孟坐下，“您为何如此悲伤？”

“马是大王的所爱，以楚国之大，都很难找到这样的心爱之物，我觉得以大夫之礼来葬它，实在太对不起这匹宝马了，应该用君王的葬礼来埋葬。”

“那具体怎么办？”庄王两眼放光，似乎找到知音了。

“我觉得应该雕刻一副玉棺，用上好的梓木雕上花纹作为椁，用枫树木头包在棺外作为题凑，调遣士兵修建坟墓，老弱搬运泥土；齐人和赵人在前面开道，韩人和魏人在后面护卫，前呼后拥；并且庙里用牛羊祭奠，让万户人家供养祭祀。诸侯听说后，就都知道大王贱人而贵马也。”

“唉……寡人的过错，竟然到了这个地步，为之奈何？”庄王两眼发直，觉得很不好意思。

“请为大王以六畜的规矩来葬爱马，用灶台作为椁，用铜锅作为棺，放点姜，加点枣。下面塞满木头兰草，祭以粮稻，衣以火光，葬之于人的腹肠。”

楚庄王对优孟的话心领神会，把马交给太官。“无令天下久闻也”，让大家不再关注这个事情。

当时楚国的丞相孙叔敖知道优孟是个贤人，所以善待优孟。

后来孙叔敖得了重病，快要死掉了。

临终前，孙叔敖嘱咐儿子说：“我死后，你必然贫困。如果见到优孟，你就说是孙叔敖的儿子。”说完，这位廉洁的丞相就去世了。

光阴似箭，数年后，孙叔敖的儿子穷困不堪，以砍柴为生。有一次背着柴火，遇见优孟。

“先生，我是孙叔敖的儿子，父亲去世的时候，嘱咐我贫困的时候去见您！”

“嗯，要是你家离这里不远的话，我现在就随你去看看。”

“就在前面，先生请。”

到了孙家，优孟穿上孙叔敖的衣服，戴上他的帽子，跟着孙叔敖的儿子练习孙叔敖的神态，模仿孙叔敖说话的口音和表达习惯。一年后，优孟变得很像孙叔敖，估计楚王和左右都分不清了。

正好楚庄王摆酒宴，优孟向前祝酒。

楚庄王大吃一惊，以为孙叔敖复生。

左右官员瞠目结舌，半天没反应过来，以为活见鬼了。

最后，楚庄王请求优孟担任丞相。

优孟说："大王，我先回家和老婆商量商量，三天后再决定是否担任丞相。"

三天后，优孟来见楚庄王。

"先生，您夫人怎么说?"楚庄王问。

"我妻子说，楚相不足为也。"

"此话怎讲?"楚庄王大惊道。

"比如孙叔敖做楚相，尽忠廉洁，励精图治，使大王称霸。而现在，他去世了，他的儿子却无立锥之地，贫困得还没有解决温饱问题，数年来以砍柴为生。当楚国丞相如孙叔敖，还不如自杀。"

说完，优孟让随从奏乐，自己摇着头唱起歌来：

居在山村耕田苦，难以获得饱食物。
出来做官耻不顾，枉法贪污家财富。
又恐身死而家灭，贪官污吏安可为?
做清官奉法守职，到死还不敢为非。
生前身后贫且困，廉洁清官安可为?
孙叔敖守廉至死，妻子穷困而砍柴。
大王要我当丞相，楚相实在不敢当。

楚庄王听了，感到惭愧，忙向优孟表示歉意。于是召见孙叔敖的儿子，并在寝丘，封了四百户给孙叔敖的儿子。从此，孙叔敖家人在这个地方兴旺传承了十代。

对此，司马迁评价说，优孟摇头而歌，砍柴的人得到了封赏，也是很伟大的啊。

三国神算管辂

要说算命先生（类似于未来学家）里的丑男，那非三国时期的管辂莫属了。《三国志》说，管辂“容貌粗丑”。这在汉末三国很吃亏，因为那时风气除注重气质，还比较重视长相。汉末魏晋之际的男人中，都有涂脂抹粉的。比如和管辂同时代的玄学家何晏，是著名的美男子。他的脸特别白嫩，面如涂脂。魏文帝曹丕见了何晏，就怀疑他涂了脂粉，于是找人弄来一碗滚热的面条赐给何晏吃。因为吃热面容易出汗，一出汗，脂粉就掉下。结果何晏吃得一脸大汗，但依然白嫩如故，魏文帝这才相信何晏没有涂粉。那时选择官员也注意长相。比如与诸葛亮齐名的庞统，由于容貌丑陋，而得不到孙权的重用。不得不投靠刘备，刘备见了他的丑样，心中不悦，仅给了个耒阳的县令当，后来因为庞统不管事情，还罢了他的官。直到鲁肃给刘备写信说“庞士元非百里才也”，又经诸葛亮推荐，刘备才重用庞统，并封以军师中郎将，随征西川。像庞统这样有才华的人，因为容貌丑陋而起初不被重用的例子，在历史上并不少见，“以貌取人”的事常有。

管辂虽丑，却极有才华，虽然他也被举为秀才，并出任官职，但是始终没能当上大一点的官。他从事的占卜工作，并不是每个人都相信，尤其是在儒家思想占统治地位的时代，一般对这类人是比较疏远的。孔子说过，敬鬼神而远之。所以管辂难得被朝廷重用，顶多是一些达官贵人请他看看风水、预测一下祸福吉凶、官位升迁等等。儒家主导的社会要求的主流男人形象是：有威仪，不苟言笑，中规中矩，慎言慎行，择友而事，凡事中庸。而管辂恰恰相反，“无威仪而嗜酒”，喝酒的时候，还经常讲笑话，“故人多爱之而不敬也”。

管辂八九岁的时候，就很喜欢看星星，遇到不认识的星星总要问人，而且“夜不肯寐”，这是一奇。他父母怕影响他的睡眠，于是就禁止他看星星。但管辂不肯睡，他告诉他父母：“我虽年小，然眼中喜视天文，家鸡野鸟都知道天时，更何况人呢？”他常常在地上画日月星辰，说出的话非常人所能言。当时学问很深的人，都认为他是一个“大异之才”。

管辂常说：“忠孝信义，人之根本，不可不厚。”所以他特别孝顺父母，笃爱兄弟，也爱护士友。当时喜欢品评人物的名士都很佩服他。琅琊太守单子春请管辂喝酒，辩论五行鬼神之事，结果太守和士人都难不倒管辂。那时管辂才 15 岁，大家都称赞他为神童。

管辂长大后，精通周易，天文地理、占卜看相、风水堪舆，无不精微。“体性宽大，多所含受；憎己不仇，爱己不褒，每欲以德报怨。”这种性格很完美，宽容、律己，都是很难得的品质。管辂谈到自己的志向时说：“知我者稀，则我贵矣，安能断江汉之流为激石之清？乐与季主论道，不欲与渔父同舟，此吾志也。”季主是管辂的好朋友。从这里可以看出，管辂的志向是追求“道”，道在中国哲学里是指事物的本源。

当时有郭恩兄弟三人，患了三十多年的脚病，好像有什么东西在刺脚，很难受，于是请管辂占卜一卦 。管辂说：“卦中有你家叔母的坟墓，墓中有女鬼。当年饥荒的时候，这女鬼被石头打破头，血流满面，孤魂冤屈，痛苦不堪，所以自诉于天。”三兄弟服罪而哭。

管辂和郭恩的交情比较深，后来郭恩家飞来一只鸟，叫得很悲伤。管辂就说：“明天有个老公公要来，带着一头猪，一壶酒。主人虽喜，当有小故。”第二天，果然来客。郭恩怕出事，让客人节酒、戒肉、慎火。不吃猪肉那吃什么呢？于是就射猎野鸡吃，然而灾所难免。箭穿过树林，鸡没射中，却射中了一个几岁女孩的手，“流血惊怖”。

管辂的神奇之处还在于他通晓鸟鸣，也就是懂鸟语。在安德县令刘长仁家，有一只鸣鹊叫得很急，刘长仁说：“管先生不是精通鸟语吗？此鸟说的是什么意思？”管辂说：“它说，在东北方向，昨天有一个妇女杀掉了丈夫，却诬赖是西边的人杀的。太阳下山的时候，必然有人来告状。”后来果如其言。

广平人刘奉林的老婆快要病死了，棺材都买好了。当时是正月，请管辂占卜，管辂说：“现在不会死，八月的时候必死！”刘奉林不相信，然而他老婆却渐渐好起来了。一直到秋天八月的时候，才发病而亡。

信都县令家的妇女都得了怪病，请来管辂。管辂说：“你家房子北堂的西头，有两个死男子的坟墓，一个男子拿着弓箭射胸部，所以心痛而不想吃饭；一个男子拿着长矛刺头部，所以头痛而惊恐不已。”于是县令把坟墓的骸骨移走，“家中皆愈”。

管辂能预言官员升迁。清河人王经辞官回家，与管辂相见。王经说：“我最近有一怪，心里不爽，请先生作卦！”管辂说：“好卦，你晚上在堂上，有一流光飞入你的怀中，你内神不安，让妇人解开衣服找。”王经大笑说：“实如君言，那这是什么兆头呢？”管辂说：“吉祥啊，这是升官的兆头啊，马上就要喜事临门了！”不久，王经被任命为江夏太守。

王弘直在家的时候，突然刮起三尺高的飘风，反复旋转，良久才息。管辂就说："东方当有马吏至，恐父哭子，如何?"这意思就是王弘直的儿子要死了。第二天，胶东的官吏快马加鞭来汇报说，王弘直的儿子已经死掉。后来有一只雄鸡，飞到王弘直家的木柱上，王弘直心中大为不安。当时正是三月，管辂说："到五月必然升迁!"五月的时候，王弘直被升迁为渤海太守。

管辂曾经和自己的弟弟管季儒一同应征，坐马车经过武城西边的时候，管辂自己占了一卦，以问吉凶。他对弟弟说："当在故城中见三狸，我们这次必然成功啊!"到了河西故城边的时候，"正见三狸共踞城侧，兄弟并喜，正始九年举秀才。"

管辂相术神妙，通过观察相貌形态，能预测人的生死。有一次，管辂在族兄管孝国家里，与两位客人相会。客人走后，管辂对管孝国说："此二人，天庭及口耳之间，同有凶气，异变俱起，双魂无宅，流魂于海，骨归于家，少许时当并死也。"十多天后，二人喝酒喝醉了，夜里坐着牛车回家，牛受惊，牛车掉进漳河，二人都淹死了。

管辂最著名的是看相，就是预言大名士何晏不久即死。何晏是曹魏的礼部尚书，属于大将军曹爽一派的精英人物，与司马懿为代表的河内士族集团明争暗斗。当时是十二月二十八日，何晏宴请管辂。另一曹爽派精英人物邓飏也在坐。何晏说："闻君算卦神妙，试为作一卦，知位当至三公不?最近接连梦见青蝇数十只，飞到鼻子上，驱之不肯去，有何意故?"管辂说："现在君侯位高权重，而怀德者少，害怕你的人多，这并不是多福啊!鼻子是天中之山，越高就越能长保富贵。今青蝇是逐臭的东西，而云集鼻子之上，盛衰祸福，不可不慎。谦惠慈和，非礼不履，上追文王，下思孔子，然后三公可决，青蝇可驱也!”

邓飏听了这话，大不以为然地说：“此老生之常谈!”管辂回答说：“夫老生者见不生，常谈者见不谈。”这句话的意思就是说我这个老生，将要看到你们“不生”了。这话预言了他们将死。何晏听后说：“过岁更当相见。”过年后再见面，意思是送客。看来何晏心里不大高兴，但是处在他那样的地位和大名士的风度，不便表现出来罢了。况且预言将死，谁能心神安定?

管辂回到家便把预言说给舅舅听，他舅舅吓得不得了。管辂说：“与死人语，何所畏邪!邓飏行步，筋不束骨，脉不制肉，起立倾倚，若无手足，这是鬼躁之相，将为风所收；何晏神情，魂不守舍，血不华色，精爽烟浮，容若槁木，这是鬼幽之相，将为火所烧。”他老舅听了大怒，骂他胡说八道。过年之后，司马懿发动政变，史称“高平陵之变”，诛杀曹爽、何晏、邓飏等人，夷灭三族。这个时候他舅舅才算服了。

管辂曾经随军西行，经过镇东将军毌丘俭的坟墓，他“倚树哀吟，精神不乐”。有人问他为什么?管辂说：“林木虽茂，无形可久；碑诔虽美，无后可守。玄武藏头，苍龙无足，白虎衔尸，朱雀悲哭，四危以备，法当灭族。不过两载，其应至矣。”两年后，毌丘俭家族被夷灭三族。

管辂也给自己看过相，很有自知之明。正元二年(255)，他弟弟管辰对他说：“大将军待君意厚，冀当富贵乎?”管辂长叹说：“吾自知有分直耳，然天与我才明，不与我年寿，恐四十七八间，不见女嫁儿娶妇也。若得免此，欲作洛阳令，可使路不拾遗，枹鼓不鸣。但恐至太山治鬼，不得治生人，如何!”弟弟问他为什么，管辂说：“吾额上无生骨，眼中无守精，鼻无梁柱，脚无天根，背无三甲，腹无三壬，此皆不寿之验。又吾本命在寅，加月食夜生。天有常数，不可得讳，但人不知耳。吾前后相当死者过百人，略无错也。”当年八月，管辂被任命为少府丞。第二年二月去世，享年48岁。

管辂精通周易，天文地理，风水祸福，精微神妙，诚如陈寿在《三国志》里所言：“管辂之术筮，诚皆玄妙之殊巧，非常之绝技矣！”

历史上有三个张三丰

很多读者通过金庸先生的作品了解到张三丰其人，对他出神入化的武当神功以及仙风道骨和高尚德行敬佩不已。历史上确实有张三丰这个人，而且可能有三个张三丰：即宋朝的张三丰、元朝的张三丰和明朝的张三丰。

宋朝的张三丰，又名张三峰，大概生活在北宋末年。明末清初著名思想家和历史学家黄宗羲在《王征南（1617—1669）墓志铭》中说内家拳：

> 盖起于宋之张三峰。三峰为武当丹士，徽宗召之，道梗不得进，夜梦玄帝授之拳法，厥明，以单丁杀贼百余。

一个人杀一百多贼，真是武林高手！

黄宗羲的儿子黄百家武功也很高，同时也是清代著名的历史学家，他曾跟王征南学过内家拳。在他写的《王征南先生传》说：

> 盖自外家至少林，其术精矣。张三峰既精于少林，复从而翻之，是名内家。得其一二者，已足胜少林。

只要学到张三峰一二成武功，就可以胜过少林功，可见张三峰武功之绝顶。

王征南是黄宗羲的朋友，是黄百家的师父，黄氏父子作为严肃的历史学家，关于宋朝张三丰的记载应该是有依据而且相当认真的。

清雍正年间（1722—1735），宁波知府曹秉仁纂修的《宁波府志·张松溪传》中说：

> 张松溪，鄞人，善搏，……其法自言起于宋之张三峰。三峰为武当丹士。徽宗召之，道梗不前。夜梦玄帝授之拳法。厥明，以单丁杀贼百余；遂以绝技名于世。

在这里，张松溪说自己的武功来源于宋朝的张三丰，可见宋朝的张三丰不是传说，证明了黄宗羲父子的记载。

光绪六年（1880），武式太极拳创始人武禹襄的外甥李亦畬在《太极拳小序》中里开宗明义地说：

> 太极拳始自宋张三丰，其精微巧妙，王宗岳论详且尽矣。后传至河南陈家沟陈姓，神而明者，代不数人……

元朝张三丰，本名张阳，字三凤，武当山道士，慈云寺佛徒，创张阳拳和两路通臂拳。然而元朝的张三丰似乎很难确定，《明史·方伎列传》说：

> 或言三丰金时人，元初与刘秉忠同师，后学道于鹿邑之太清宫，然皆不可考。

刘秉忠（1216—1274）是元代前期著名政治家、文学家、建筑设计家。刘秉忠现存作品较多，但是没有提到“张三丰”这个人。《名山藏》记载，张三丰曾与刘秉忠、冷谦同师元初著名的海云禅师。

清人李四月编写的《张三丰全集·芦汀夜话》里记载，张三丰自称生于蒙古定宗三年（1248 年），曾任中山博陵县令，后弃官出家，做全真道士。在终南山遇到火龙真人，得到真诀。最后在武当山修炼多年。

明朝的张三丰，《明史·方伎列传》是这样记载的：

张三丰，辽东懿州人，名全一，一名君宝，三丰其号也。以其不饰边幅，又号张邋遢。颀而伟，龟形鹤背，大耳圆目，须髯如戟。寒暑唯一衲一蓑，所啖，升斗辄尽，或数日一食，或数月不食。尽经目不忘，游处无恒，或云能一日千里。善嬉谐，旁若无人。尝游武当诸岩壑，语人曰：“此山异日必大兴。”时五龙、南岩、紫霄俱毁于兵，三丰与其徒去荆榛，辟瓦砾，创草庐居之，已而舍去。

太祖故闻其名，洪武二十四年遣使觅之，不得。后居宝鸡之金台观。一日自言当死，留颂而逝，县人共棺殓之。及葬，闻棺内有声，启视则复活。乃游四川，见蜀献王。复入武当，历襄、汉，踪迹益奇幻。永乐中，成祖遣给事中胡濙偕内侍硃祥赍玺书香币往访，遍历荒徼，积数年不遇。乃命工部侍郎郭琎、隆平侯张信等，督丁夫三十余万人，大营武当宫观，费以百万计。既成，赐名太和太岳山，设官铸印以守，竟符三丰言。

天顺三年，英宗赐诰，赠为通微显化真人，终莫测其存亡也。

在《明史·艺文志》的道家类典籍中记录了张三丰的作品：

《金丹直指》一卷，《金丹秘旨》一卷。

那么，明朝的张三丰到底是一个怎样的人呢？

明朝的张三丰，他为人处世以仁义忠孝为本，虽然是道士，但并不装神弄鬼欺骗人。“所以心与神通、神与道一，事事皆有先见之理也”。

张三丰又是一个很有个性的人。有时候三五天吃一顿饭，有时候两三个月才吃一次饭。精神好的时候穿山走石，累了的时候铺云卧雪。有时一日走千里，“人皆异之，咸以为神仙中人”。

而且，张三丰一直得到明朝皇帝的重视。

洪武初年，张三丰来到武当山，拜玄帝于天柱峰。他对山里老人说：“吾山异日与今日大有不同矣。我且将五龙、南岩、紫霄去荆榛，拾瓦砾。但粗创焉。”他在展旗峰北陲卜地结草庐，供奉玄帝香火，叫做“遇真宫”，明永乐十年改建为玉虚宫。又在黄土城卜地结草庵，名曰“会仙馆”，永乐年间改建为遇真宫。

洪武二十二年（1390），张三丰离开武当，不知去向。同年，湘王朱柏（1371—1399）拜谒武当山天柱峰，寻找张三丰不得，于是写了一首《赞张真仙诗》，诗云：

> 张玄玄，爱神仙。朝饮九渡之清流，暮宿南岩之紫烟。好山劫来知几载，不与景物同推迁。我向空山寻不见，徒凄然！孤庐空寂大松里，独有老弥松下眠。……

洪武二十四年，明太祖朱元璋为了加强对道教的控制，派遣一些道师出使全国各地道观，特意叮嘱使者：“有张玄玄，可请来。”但始终没有找到张三丰。

明成祖朱棣信仰神怪之说，奉祀武当玄帝，而张三丰是武当山最有名的道士，也崇尚玄帝。因此，朱棣想把在民间影响很大的张三丰"延请诣朝"，一方面可以粉饰太平，收买民心；另一方面也可获得仙药，延年益寿。

永乐三年（1405），朱棣派遣王宗道遍访张三丰于天下名山，此后又多次派人寻访。永乐六年（1409），再命张宇清寻访张三丰。永乐十年，命孙碧云访"朕敬慕真仙张三丰老师"，让他去武当山建筑遇真宫，并给张三丰写了一封《御制书》：

皇帝敬奉书真仙张三丰先生足下：

朕久仰真仙，渴思亲承仪范。尝遣使致香奉书，遍诣名山虔请。真仙道德崇高，超乎万有，神妙莫测。朕才质疏庸，然至诚愿见之心夙夜不忘。敬再遣使致香奉书虔请。拱俟云车凤驾，惠然降临，以附朕拳拳之怀，敬奉书。

永乐十年二月初十日

据明代笔记和方志记载，永乐十五年（1417），朱棣又命龙虎山上清宫提点吴伯理"钦奉太宗皇帝玉音赍香暨御书，入蜀之鹤鸣山天谷洞，结坛诵经，祈告山灵，迎请真仙张三丰先生"。同年，再遣宝鸡医官苏钦等奉香书遍访张三丰于天下名山。然而张三丰有如"昔人已乘黄鹤去，此地空余黄鹤楼"，终不知去向！

明英宗天顺三年（1459），封赠张三丰为"通微显化真人"。武当山保存有成化十三年（1477）河南南阳府邓州信士募资铸造的《贻赐仙像》铜碑，碑首为篆额，中为英宗的制文，下为张三丰像，制云：

朕惟仙风道骨，得天地之真元；秘典灵文，集阴阳正气。顾长生久视之术，成超凡入世之功。旷世一逢，奇踪罕见。尔真仙张三丰，芳姿颖异，雅思孤高，存想专精，炼修坚完。得仙家之玉诀，饵金鼎之灵膏，是以名隶丹台，神游玄圃。去来倏忽，岂但烟霞之栖；隐显渺茫，实同造化之妙。兹特赠尔为通微显化真人，锡之诰命，以示褒崇于戏！蜕形不老，永惟物外之逍遥；抱道绝伦，益动寰中之景慕。尚期指要，式惠来英。

天顺三年四月十三日

成化二十二年（1486），明宪宗诏封为“韬光尚志真仙”。嘉靖四十二年（1563），明世宗诏封为“清虚无妙真君”。从封号看，明朝皇帝这时才认为张三丰不在人世了。

天启三年（1623），据称因张三丰降坛示以鸾语，明熹宗又封他为“飞龙显化宏仁济世真君”。

张三丰的弟子众多。明人任自垣的《太岳太和志·张全一传》记载，张三丰在武当山的弟子，有道士丘玄清、卢秋云、刘古泉、杨善澄、周真德五人，各奉师命住一地。

张三丰的弟子还有秦淮富翁沈万三及其婿余十舍，以及曾助朱元璋军粮的富翁陆德厚。另外，淮安人王宗道也从张三丰学道，永乐三年命寻访张三丰而不遇，封为“圆德真人”。明武宗时候的李性之，说在正德年间（1506—1521），入武当山遇张三丰而得诀。算起来，其时张三丰已二百五六十岁，似乎不大可能。

北京白云观抄《诸真宗派总簿》列出奉张三丰为祖师的道派，有王屋山邋遢派、自然派、三丰派、日新派、蓬莱派、檀塔派等十七支。清朝道咸年间，四川乐山人李西月所立内丹西派，继承张三丰，并称张三丰一系为“隐仙派”，编排了从老子、文始真人尹喜至张三丰的传法谱系。这一谱系虽不尽可靠，但突出隐遁为该派的独特宗风，也确反映出了张三丰的人格特点：一种类同于中国历代隐士风骨的“隐仙”风范和那些包括当时腰金衣紫的正一道士在内的达官贵人、趋炎附势之徒相比，张三丰的这种隐仙精神是相当难能可贵的。从当时主流价值观来说，张三丰的人格颇符合儒家那种不慕富贵的传统道德。

张三丰是三个，还是两个，似乎不太重要。重要的是，张三丰是一个道德崇高令人敬佩的隐仙，一个武功高深莫测的武当宗师。

朕安，邬先生安否

清代谚语说：“无幕不成衙。”用现在的话来说，没有秘书，官也不成官了。

由于师爷的重要性，官员们往往不惜重金聘请。尤其大名鼎鼎的师爷，更是不惜千金。比如雍正朝著名的绍兴师爷邬先生。

邬先生当时是河南巡抚田文镜的师爷。

第一天上班，邬先生问田文镜：您想当著名督抚，还是寻常督抚？

田文镜说：不想庸碌无为！

邬先生说：想出名，可以，我为您写一奏折上奏，奏折中一个字，您也不能看！

田文镜说：可以。

原来邬先生写了一封参劾当时权势熏天的隆科多的奏折。这奏折了不得，要是田文镜看了，肯定不让上。所以田文镜不能看，看了就出不了名，得不到雍正的青睐了。

雍正亲政之初，特发上谕说：隆科多应称呼舅舅。专门发红头文件称隆科多为舅舅，可见当初隆科多是何等的圣眷优隆，何等的显赫至极。但是随着雍正权力的逐渐巩固，隆科多日益跋扈，二人的矛盾也隐隐凸显。尽管如此，雍正非常隐秘，依旧称隆科多为舅舅，没有透露出半点声色。当此之时，隆科多权倾朝野，谁敢弹劾隆科多，弹劾他是自找死路。

邬先生却不然，他敏锐地从雍正上谕和朱批的字里行间揣摩出石破惊天的秘密：雍正表面上宠信隆科多，但只不过是苦于没有机会收拾他。

当时，中外大臣、台谏言官不明就里，没有谁敢参劾隆科多，而邬先生竟直书其罪。此折一上，雍正大叫：真是天赐良机，立刻将隆科多革职查办，圈禁。

隆科多一案，有四十一款重罪，“雍正五年狱成，奉旨免其正法，于畅春园外造屋三间禁锢，死于禁所。”

有意思的是，在隆科多的大不敬罪中之二是隆科多将康熙的御书贴在厢房，而不是正房。在雍正看来，隆科多如此大胆，竟敢把他皇阿玛的字，贴在偏房，是对康熙的大不敬。大不敬罪之三是“妄拟诸葛亮白帝城受命之日”，隆科多竟将自己比诸葛亮，那雍正皇帝岂不成了刘阿斗？是对雍正皇帝的大不敬。大不敬罪之五是“皇上赏银三千两，令修理公主坟墓。隆科多迟至三年，竟不修理，对公主大不敬”。

于是朝野上下都佩服田文镜的胆识：你田哥贼有胆！

田文镜因此圣眷日隆。

后来，田文镜因事与邬先生不和，邬先生立马炒了他的鱿鱼。邬先生走后，田文镜的奏折屡次遭到雍正传旨严行申斥，只得厚着脸皮再聘请邬先生。

请邬先生可以，但是这条件不满足，不能上道。

田文镜说：请先生赐教！

邬先生说：一天没有五十金，就不能握笔。

五十金的工资很高，而田文镜欣然同意。

邬先生写的奏折一上，雍正非常欢喜，看了很对劲，于是田文镜的“圣眷复隆如初”。从此，田文镜吸取上次被炒鱿鱼的深刻教训，再也不敢稍稍违背邬先生的意思。

后来雍正知道了邬先生的事，了解田文镜的奏折之所以写得那么好，都是邬先生捉的刀，于是在田文镜的请安折上朱批："朕安，邬先生安否?"

邬先生奉行"天生我才必有用，千金散尽还复来"的李白经济学理论，是"日光一派"，"月光一族"。他一天得五十金，基本上花得精光，没有存下一文钱。除了用在饮酒行乐之外，大多是用于慈善事业，恤孤济贫。邬先生虽然有钱，但孑然一身，光棍一条。这样的超级金领人士竟然被无情的岁月捉弄成"剩男"。

田文镜死后，邬先生暂时失业。但他不愁找工作，因为太有才了，各督抚争相重金聘请，他潇洒地拒绝了。后来有人在京师看见了"神龙见首不见尾"的他，那时他已就业于皇宫大内了。邬先生很可能是做了皇帝的御前秘书……

初入官场的新科进士被毒黑

嘉庆十三年（1808），淮阳水灾。朝廷赈务完毕之后，按例要派委员赴灾区查赈。

山东即墨人李毓昌，本年新科进士，以知县发江宁候补，即被派往江苏山阳县查赈。

李毓昌携仆从三人抵达山阳之后，歇在庵堂。通过明察暗访，查出山阳县令王伸汉“虚列灾户，浮报冒领赈灾银二万三千余两，其中一万三千两据为己有”的证据，将欲举发。

王伸汉很担心被揭发，便求淮安知府王毂代为缓颊，求情于李毓昌。李毓昌为人正直，予以拒绝。

见李毓昌不给面子，王伸汉以他在官场多年的经验领悟，不认面子，只认“金”的，通常是索贿老手。于是十一月初六日，他派长随包祥，携带巨资，通过李毓昌的仆从李祥、顾祥、马连升，行贿李毓昌，让他不要再查了。

哪知李毓昌不是老手，义正词严指斥仆从说：“今岁某赴科场，皇上所命题，即以德本才末而言，某虽不肖，敢欺君纳贿耶！明日并以此，禀诸制府可也。”

三仆从跟着李毓昌，也是为了谋利，主人有权不接贿，仆从以后也捞不到什么好处，因而私下里都埋怨李毓昌书生气十足，迂腐不懂事。于是把李毓昌的话，告诉了包祥。包祥便向王伸汉汇报，王伸汉一听李毓昌要向两江总督禀报他行贿，吓得要死，于是毒从胆边生，密嘱包祥约李毓昌仆从李祥等三人毒死李毓昌，以杀人灭口。

当晚，表面热情的王伸汉置酒为李毓昌饯行，李毓昌醉归庵堂，觉得口渴，便呼喊要喝茶。良久，李祥端上一碗砒霜水。李毓昌闻到有异味而没有喝，三仆从即乘主人醉酒乏力，强行把砒霜水灌入李毓昌口中。李毓昌颓然倒下，但一时还没死，三仆从便将主人勒死，悬绳梁间，制造李毓昌自杀的假象，并焚毁一切证据。

第二天早晨，三仆从伪装成害怕的样子报案，请县令验证，于是王伸汉验证鉴定为：实系自缢身亡，赠送棺材一副收殓。

之后，王伸汉报告淮安知府王毂，说李毓昌自缢而死。王毂便会同府吏验证，看见毓昌口尚流血，“竟不问”。王伸汉又买通仵作，于是定为自缢，草草了结。王毂之所以不细查，也是得了王伸汉送的两千两银子及嗣后再行报效的话。

同时，王伸汉又赏给李毓昌的三个仆从各一千两银子，将李祥推荐给淮安通判任役，顾祥自返苏州老家，马连升荐与宝应县任差役，各自散去。

这些事情安排妥当之后，就通知山东即墨李毓昌家来领葬。

十一月十九日，李毓昌的叔叔李泰清从即墨赶到山阳，见侄子已入殓，棺材已封钉。心想，至亲都没见一面就封棺，很不解。

李清泰就问：“新科进士，何以寻死？”

王伸汉答：“系自缢身亡。”

李清泰问：“遗仆何处？”

王伸汉答：“主死仆散，事理之常，吾已荐之他往矣。对于毓昌之自缢，本官亦感难过，国家又少了一个人才。”

王伸汉慨然馈赠运棺银一百五十两说：“回家后应该立即安葬，入土为安好。”

李清泰当时也没多想，好不容易出了个进士，却自缢死了，心里很悲伤，只得运棺回原籍安葬。回到家，打开李毓昌的箱子，发现里面的皮衣有血迹，心头大疑，觉得有问题，于是开棺验证，见尸身青黑，始知被毒死。于是打点盘缠，携带家人进京，叩都察院鸣冤。

嘉庆十四年（1809）五月十二日，都察院奏：山东即墨县武生李泰清呈控，伊（他）胞侄原发江苏知县李毓昌奉委查赈，在山阳县被毒身亡案。

嘉庆看了这个奏折，感觉案情可疑，于是谕军机大臣等说：

> 该呈控，朕详加披阅，其中疑窦甚多，必有冤抑，亟须昭雪，以慰孤魂。
>
> 李毓昌在县署处赴席，何以回寓后，遽尔轻生，当夜自缢？其事已不近情。
>
> 彼时山阳县知县随同署知府验明换衣棺殓，是否于申报后，由上司派委抑或另有同验之员？总未见该督具奏，实属不以人命为重，草率因循之至！
>
> 且山阳县知县送给路费银一百五十两，未必不欲借此，希冀不出疑虑。
>
> 李祥等不过同僚厮役，何以代为安置周妥？其中难保无知情同谋，贿嘱灭口情弊。
>
> 案关职官身死不明，总应彻底根究。
>
> 著山东巡抚吉纶一面将尸棺提至省城，检验具奏。
>
> 著铁保查明山阳县并署知府系属何人？及李毓昌长随三人和山阳县长随包祥等迅速传集，秉公研审。
>
> 否则，致凶手漏网，朕断容汝等无能之督抚，惟执法重惩！

同时传谕两江总督铁保：查山阳县知县，先行解任，同一干人证交刑部审讯。

六月二十八日，山阳县令王伸汉等被押解抵京，交军机大臣会同刑部严审。王伸汉供认：向李毓昌商量虚增户口，李毓昌不允，欲行禀揭，因而谋害。又审质李毓昌家人马连升，所供相符。

二十九日，嘉庆谕军机大臣等说：

> 殊堪骇异！江南竟有如此奇案！督抚大员毫无察觉，朕知人不明，误用汝辈，诚朕之咎，不知汝等尚有何颜上事天子，下对万民？
>
> 乃迩来不肖州县，多有捏开侵冒，私肥己囊；其查账委员贪图分润者，即与之通同作弊，是直向垂毙之饥民夺其口食！已属毫无人心！
>
> 不意山阳县查办赈务，因委员秉持公正，不肯扶同，畏其禀揭，竟至谋命灭口，实为从来未有之事！

七月初一日，嘉庆下令将王伸汉家产抄没，长子发往伊犁；将冒赈分得银两的同知林永升、从九品温南峰、州同龚国烜 、训导言某、知事余某都革职拿问，查抄家产，一并押解来京。

初二，嘉庆谕军机大臣等说：

> 前据布政使朱锡爵奏，将李毓昌尸棺提至省城，于检验后封贮等语，今王伸汉等既已供认不讳，则李毓昌尸骨，万无再验之理。
>
> 著吉纶即委妥员将尸棺加椁，送回即墨，沿途官为照料。

李毓昌加赏知府衔，照知府例赐恤。

其叔李泰清由武生赏给武举。

初九，嘉庆写《悯忠诗》五言排律三十韵，为李毓昌阐扬幽郁，命令山东巡抚吉纶取碑碣石料，将御制诗章发往摹刻，以表彰“循吏清风，勒诸贞珉，永垂不朽”。

《悯忠诗》有：

毒甚王伸汉，哀哉李毓昌。揭帖才书就，杀机已暗藏。
造谋始一令，助逆继三祥。义魄沉杯茗，旅魂绕屋梁。
骨黑心终赤，诚求案尽详。国恩未周遍，吏习益荒唐。

初十，嘉庆命传旨登州府知府前往李毓昌墓前致祭。

十一日，嘉庆谕旨：

李毓昌随仆李祥、顾祥、马连升著凌迟处死，王伸汉随仆包祥著即处斩。由刑部将李祥一犯解赴山东，押至李毓昌墓前，先刑夹一次，再行凌迟，摘心致祭，以泄愤恨。

王伸汉一犯，应即予斩决，因尚有对质之处，著暂缓行刑。

十四日，嘉庆谕旨：

李毓昌被谋害案，现经反复审讯，案情确凿，已将各犯按律定罪。

乃今日铁保复奏此事，称该案尚毫无端倪，欲再察访后具奏。且折内尚铺叙神鬼之词，以为破案依据。

又李毓昌是归寓后被毒身死，而铁保忽疑其在王伸汉席间中毒，因而遍询同席之人，又转厨役拿究，昏聩糊涂已极！而于案情关键，全然不知。

铁保自补放两江总督以后，不能敬慎办公，一味偏听人言，固执己见。办河工则河工日见敝坏，讲吏治则吏治日见废弛。甚至不肖劣员酿成如此奇案，而彼尤梦梦不知，可谓无用废物！不但不胜封疆重任，亦何堪参列朝绅，铁保著革职，发往乌鲁木齐效力赎罪。

巡抚汪日章，身为巡抚，对此巨案如同聋聩，年老无能，著革职回籍。

江宁布政使杨护，姑念平日办事实心，著留河工效力。

署按察使胡克家，对此等重案草率具题，著革职留河工效力。

六月二十九日，山阳县冒赈案审讯完毕，嘉庆谕旨：

王伸汉冒赈银二万三千余两，其中入己银一万三千余两，已属法无可贷，且因此谋毒李毓昌毙命，王伸汉著即处斩。

知府王毂，袒护王伸汉，得银二千两，知情受贿，著绞立决。

林永升得银一千两，发乌鲁木齐效力赎罪。

其他有关各员，分别杖流。

十月二十四日，嘉庆下令禁止上司派员至下属地方，借稽查、

催提、查验之名，扰累驿站，需索站规；甚至有差派之后，本员并不亲往，公然议定规礼，派家人往收。嘉庆说：“即如山阳查赈一案，除李毓昌持正被害，其余皆互同吃赈，是多一委员，百姓多一番苦果矣！”

第三部分

古墓倩影

李世民的六匹宝马今安在

“昭陵六骏”是唐太宗昭陵的石刻浮雕，分别叫做白蹄乌、飒露紫、青骓、拳毛、特勒骠、什伐赤，是我国浮雕艺术的珍品，有极高的艺术价值。然而这样宝贵的艺术精品却出现了裂痕，这都是盗墓惹的祸。

这六匹骏马是唐太宗南征北战时骑过的战马，立下了赫赫战功。所以唐太宗特别爱护，给它们修建舒适的马房，给予优质的饮食和干净的环境，还有专门的马场草地。唐太宗甚至希望六匹骏马能够永远伴随他。

当时有两兄弟是著名的画家、建筑家兼设计师，他们就是阎立本和阎立德。阎立本是我国历史上著名的画家，代表作有《历代帝王图》和《步辇图》。阎立德是著名的建筑家。两兄弟设计了著名的唐长安城和唐太宗的昭陵。于是唐太宗让阎立本在马房边画出六匹骏马的神采，没过多久，阎立本画成了。太宗看了栩栩如生的六骏，欣喜不已，觉得阎立本把马都画活了；又命阎家兄弟负责六骏的雕刻工作，阎立德就拿着阎立本的画开始在昭陵雕刻。经过工匠们的精心雕刻，栩栩如生的昭陵六骏出现在人们的眼前。太宗视察后，以为深得自己南征北战的辉煌历史之妙，赞叹不已，重赏阎家兄弟。

太宗去世后，葬入昭陵，从此和六骏在另一个世界长伴。此后苍茫的岁月里，帝国经历风雨沧桑和荣辱盛衰。唐末，昭陵遭受了一次疯狂的盗墓，这个盗墓狂人就是军阀温韬。温韬搬运昭陵财宝的一辆辆马车，从六骏身边擦出一道道的痕迹。六骏虽然也在奔驰，但终究奔驰不出青石墙。

由于昭陵已经被盗过，所以关注它的人越来越少，“昭陵六骏”也淹没在荒烟蔓草之中，历史依旧孤独地走着。当清末民初到来之际，人们也许感叹历史过得太快，日子去得太匆匆，来不及梳理，就已经凌乱不堪。有些盗墓者不相信昭陵已经被盗光，所以隔三差五来这里搜索一番，希望还能找到点宝贝。但是昭陵毕竟经历了一千多年，可能连小块的砖头都快搬干净了，怎么还能有什么价值连城的宝贝呢？盗墓贼们很少知道石刻艺术的价值，对于笨重的“昭陵六骏”并不放在眼里，反而把它当做盗墓无获后的发泄对象，挖它，砸它，锤它，直到糟蹋出一条条的裂痕。

但是狡猾的军阀和精明的外国人盯上了默默无闻的“昭陵六骏”。有一种说法，在民国初年，陕西军阀陆键彰的部下张山从昭陵上拆下了六骏中的“飒露紫”和“拳毛”两匹骏马，其他四匹没能拆下来，但是剩下的四匹骏马被撬得裂痕累累。陆键彰把这两匹价值颇高的骏马送给了袁世凯收藏。但最后落到了一个古董商人卢芹斋的手里。1917 年，两匹“骏马”被运到了美国。卢芹斋以 15 万美元卖给美国宾夕法尼亚大学博物馆。还有一种说法是，法国人戈兰兹在另一法国人戈罗瑟的授意下，从昭陵盗出“飒露紫”和“拳毛”，想卖给法国人马龙。1913 年 5 月，法国人装运骏马进京，遭到当地人民拦截，骏马被推下山。由于撞击过重，出现裂痕。大规模的石雕运输，引起了陕西地方政府的注意，被当时的省长没收。不久，两骏被秘密卖给古董商人卢芹斋，1918 年运到美国，卖给宾夕法尼亚大学博物馆。

如今，昭陵六骏只剩下四骏，而且伤痕累累；虽经修复，但是依然有裂痕。而在美国宾大博物馆的两骏“飒露紫”和“拳毛”已经静静待了将近一百年，虽然很多华裔人士在努力争取两骏回归故土与四骏团聚，但是希望依然渺茫。或许分住海内外的“昭陵六骏”还在回想着当年太宗皇帝辉煌的文治武功，只是未能在一起陪伴他的主人，只能静静地期待重逢的一天。

朱元璋孙女为何埋在都江堰

2005 年 2 月，四川省都江堰市发掘了一个古墓。

这个古墓面积约为一个篮球场大小。宏大的墓室藏在距离地面约 3 米厚的封土堆下，墓门足有两米多高，两扇石门仍旧开合自如。长方形墓室面积大约 80 平方米，石板铺底，四周用石条砌成，墓室高约 4 米，顶部用石条券拱。除券拱已经坍塌外，整个墓室坚固犹如一个地下堡垒。墓室内的摆设犹如豪华宫殿。墓门口放着一个石供桌，墓室后半部分放着两个摆放棺材的石棺台，后壁两个顶龛上雕刻着铜钱图案。墓室两边对称分布着几间耳室和壁龛，石头上雕刻着祥云等精美的花纹。

整个古墓占地约 300 平方米，墓室长 12.9 米、宽 5.8 米、高 3.9 米。在墓内最底下淤土中，考古人员出土了陶俑，金银铜饰品、玉佩、玉珠、玛瑙珠饰等上百件，以及木建筑构件和各种陶瓷器残片。墓室内的两方墓志，它们分别是“大明故顺庆郡主圹志”和“大明故宗人府仪宾中奉卢鼐圹志”，纪年为“永乐十九年十月廿日”。圹志还言及此地在明代为“灌县济水乡龙牙原”。此墓早期被多次盗掘，破坏极为严重，内部仿木建筑陶构件、陪葬品受到人为严重破坏及扰乱。顺庆郡主夫妇的墓葬的发现，是在都江堰市内发现的第一座明蜀王家属的墓葬。该墓的清理为研究明代葬制、葬俗及建筑形制等提供了丰富的资料。

顺庆郡主是明太祖朱元璋的孙女，第一代明蜀王朱椿第十女，而卢鼐则是她的驸马。顺庆郡为今南充市。这一发现令考古人员兴奋不已。据史料记载，蜀王的家人一般葬在成都东郊和成都明十陵沿线的黄土高坡上一带，顺庆郡主为何远葬都江堰？

我们首先来了解一下《明史》关于第一代明蜀王朱椿（1372—1423）的记载：

> 朱椿，太祖第十一子，洪武十一年（1378）受封蜀王。十八年（1385），命驻凤阳。二十三年（1390），就藩成都。椿性孝友慈祥，博综典籍，容止都雅，太祖尝呼为“蜀秀才”。在凤阳时，辟西堂，请李叔荆、苏伯衡商榷文史。既至蜀，聘方孝孺为世子傅，表其居曰“正学”，以风蜀人。
>
> 时诸王皆备边练士卒，椿独以礼教守西陲。番人入寇，烧黑崖关。椿请于朝，遣都指挥瞿能随凉国公蓝玉出大渡河邀击之。自是番人詟伏。前代两川之乱，皆因内地不逞者钩致为患；有司私市蛮中物，或需索启争端。椿请增锦香扇之属，从王邸定为常贡，此外悉免宣索。蜀人由此安业，日益殷富。川中两百年不被兵革，椿力也。
>
> 成祖即位，来朝。赐予倍诸籓。谷王橞，椿母弟也，图不轨。椿子悦燇，获咎于椿，走橞所，橞称为故建文君以诡众。永乐十四年，椿暴其罪。帝报曰：“王此举，周公安王室之心也。”入朝，赉金银缯彩钜万。二十一年（1423）薨。年五十二。谥号献王。

我们再看朱元璋的孙女顺庆郡主，1986年2月11日，农民胡德云在挖地时发现了圹志碑，竖立在石拱型墓门边，碑文记载了顺庆郡主和她的丈夫卢鼐的事迹：

大明故顺庆郡主圹志

顺庆郡主，蜀王第十女也。性柔顺。幼居宫，壹闻姆师诵列女传即解其义，及长，能通习孝经、论语，谨以持身，恭以事上。小大之节，无不顺适。受封大邑，降于中奉大夫宗人府仪宾卢公鼐。公佥成都右护卫指挥使司事忠之嫡次子，既成有家，敦于雍睦，动止有仪，不愆于礼，可谓贤矣。惜夫！天不假之以寿，永乐庚子十月二十七日，以疾昏于锦城赐第，年才二十有三。呜呼痛哉！讣闻，皇帝笃犹子之谊，悼念不已，厚加恤典，遣使谕祭，命有司治丧，具营冢圹以襄事。皇太子亲王咸遣官致奠。以辛丑年十月二十日葬于成都府灌县济水乡龙牙原。谨述其概以志于圹，永垂不朽。铭曰："俾之生，宜享其福。俾之贵，逝也何速？体魄斯藏，灌山之麓。"

大明故宗人府仪宾中奉大夫卢公鼐圹志

宗人府仪宾卢公鼐，佥成都右护卫指挥使司事忠之嫡次子。母陈氏。曾祖考卢三，曾祖妣窦氏。祖妣黄氏，祖考成都左卫副千户，以军功世袭显爵。公生而聪敏，长而愈骞，委已于学，经史通习，贤行益著。蜀王审其为勋旧家子，以第十女顺庆郡主女焉。既成室家，益修其行，刮磨豪习，不挟不矜，持以礼法，而翰墨赋咏，俊逸可观。惜夫！天不与年，遽遘羸疾。郡主既以疾先薨，积忧于心，疾转加剧，越七日遂薨于锦城赐第，年方二十有六，乃永乐十八年十一月四日也。呜呼痛哉！讣闻，王以子婿之谊，悯悼不已。遣使谕祭，赐营冢圹以襄事。以辛丑年十月二十日葬于成都府灌县济水乡龙牙原。谨述其概以志圹，永垂不朽。谨志。

从上面的碑文，我们知道，朱元璋的孙女顺庆郡主和她的丈夫都是死在成都，而且都很年轻，夫妻两个去世前后不过相隔七天。顺庆郡主是在永乐十八年（即1420）十月二十七日去世，七天后，也就是十一月初四丈夫卢鼐接着去世，而两人在“辛丑年十月二十日葬于成都府灌县济水乡龙牙原”。那么，辛丑年又是哪一年呢？根据天干地支纪年法，又因为永乐十八年就是庚子年，那么两人埋葬的时间应该是永乐十九年，也就是1421年。换句话说，顺庆郡主夫妇是在死后将近一年的时间才埋葬，这么长的时间对于运送棺椁到都江堰是有充裕时间的。

今天的都江堰市在明代是属于成都府，原名灌县，明朝设置灌县，1988年5月，经国务院批准撤销灌县设立都江堰市，以李冰父子建造的都江堰而得名。顺庆郡主和丈夫葬在成都府灌县济水乡龙牙原，所以才会在都江堰市发现朱元璋孙女的陵墓。一些人认为朱元璋孙女远葬都江堰是一个谜，其实只要仔细研究顺庆郡主夫妇的圹志，这个所谓的历史之谜就迎刃而解了。

古墓女死而复生

历史上有很多“掘冢再生”的记载。

范晔《后汉书》中说：“汉末关中大乱，有发前汉宫人冢者，宫人犹活。”在甘肃天水放马滩一号秦墓出土的竹简中也有这样再生的记载。竹简说：三十八年八月，有人向御史报告，有个叫丹的人自述。丹在当今大王即位的第七年的时候，在城门里将人刺伤，随后自杀。三天后，埋葬在城南门外。三年后，丹死而复生。丹之所以能够再生，是因为他手下的人向司命的公孙强祷告，用白狗把丹的尸体从墓穴中拖出。尸体在墓地停了三天。四年之后，丹就能听到狗叫鸡鸣，能吃活人的饭食。但是丹的喉部还是留下了自杀的疤痕，眉毛稀落，肤色很黑，看起来营养不良。人们问他感觉怎么样？丹说：死去的人不想多穿衣服，很多人认为鬼喜欢很多祭品，祭祀的人也因为付出的祭品多而富裕，其实鬼只要有一点就行了。祭祀墓主的时候，千万不要呕吐，一呕吐，鬼就吓跑了。祭祀时，要细心扫除，不要冲洗。不要把菜汤洒在祭饭上，鬼是不肯吃的。

竹简上的这种记载类似于志怪小说《搜神记》，如《搜神记》中李娥的故事。

东汉建安四年二月，武陵妇女李娥，60 岁的时候病死，埋在城外已经十四天了。她的邻居蔡仲知道她是个富婆，坟墓中肯定有金银财宝，于是盗墓，用斧头猛砍棺材。砍了好几下，突然听到棺材中有人说：蔡仲，你砍的时候要注意保护我的头部。蔡仲吓得半死，没命似的狂逃。结果蔡仲盗墓的事情被县官知道了，按照法律，当斩首。李娥的儿子就把母亲救出来了。武陵太守听说了，召见李娥，问她的情况。她说自己被司命所召，死去了，其实是阎王爷搞错了，现在让她重返阳间。过西门的时候遇到了自己死去的哥哥伯文，她对哥哥说自己比较孤单，身体已经被家人埋了十多天了，怎么才能出去？她哥哥就答应去问阴间的官员，阴间的官员答复说，现在武陵西界有个叫做李黑的人可以做伴，并且让李黑通过李娥的邻居蔡仲挖出她。所以她才能出来。在和哥哥道别的时候，她哥哥给了她一封信，说送给他的儿子名字叫佗的人。于是她就和李黑一块回到人间 。太守听了这件事情，感叹说："天下事真不可知也！"于是上表说，蔡仲盗墓是为鬼神所驱使，不得已而为之，请陛下宽宥。皇帝下诏批准。太守想验证她说话的虚实，于是派人到西界推问李黑，李黑的话与李娥一致。后来李娥把她哥哥的信就给了佗，信中要求佗一家大小在八月八日中午到武陵城南沟水畔等待。那一天，李娥的哥哥见到了自己的子孙后代，百感交集，最后对佗说："来春大病，与此一丸药，以涂门户，则辟来年妖疠矣！"说完，人就不见了。"至来春，武陵果大病，白日皆见鬼，唯伯文之家，鬼不敢问。"

实际上，李娥复生的故事，正史也有记载。《后汉书》就说李娥已经埋了十四天，"有行闻其冢中有声，家往视闻声，便发出，遂活。"也就是说听到坟墓中有声音，告诉家人，挖出后活下来了。没有《搜神记》说得那么玄乎。

班固的《汉书》中也记载了掘冢再生的故事。汉哀帝时候，一个姓方的人与一个叫田无啬的女子，生下一个儿子，却已经死了，于是埋在路边。三天后，有人经过，听到哭声，告诉田无啬，于是掘出，再收养起来。《晋书》也有类似记载，“义熙中，东阳人莫氏生女不养，埋之数日，于土中啼，取养遂活。”

《晋书》还记载了一个以男女情爱为主题的掘冢再生的故事：东晋元康年间，有个女子已经订婚，然而不久，她的未婚夫去戍边长安，经年不归。于是家里人就想把她许配给别人，“女不乐行，其父母强逼，不得已而去”，不久就病死了。而这个时候她的未婚夫回来了，问她去哪儿了。她家里人就把详细情况说了。她的未婚夫直奔她的坟墓，“不胜哀情，便发冢开棺，女遂活，因与俱归。”这事不知怎么的，让她后夫知道了，告到官府，说要把老婆要回。当地官府不能决断。秘书郎王导议论说：“此是非常事，不得以常理断之，宜还前夫。”朝廷遵从了王导的意见，把死而复生的女子判给了其未婚夫。

更奇怪的还有从墓中自己走出来的死人，这种现象叫做“穿冢”。南朝《宋书》记载：“孙休永安四年，安吴民陈焦死七日复生，穿冢出。”

北宋李昉主编的《太平广记》引《神异录》，记载了窦建德盗墓的故事。窦建德曾经发掘邺中的一座坟墓，什么也没有。打开棺材，“见妇人，颜色如生，姿容绝丽，可年二十余。”她的衣服样式和当时不同。过了一会儿，女子有了气息，于是窦建德把女子带回军队收养，三天后就能说话。她说：她是魏文帝曹丕时候的宫女，跟随甄皇后埋葬在邺，“命当更生，而我无家属可以申诉，遂至幽隔，不知今乃何时也？”窦建德非常宠爱她。后来窦建德被讨平，该女子归唐为宫女，就把她的来历如实说出：“妾幽闭黄壤，已三百年，非窦公何以得见今日，死乃妾之分也。”于是“饮恨而卒”。

明朝冯梦龙的《醒世恒言》里的《闹樊楼多情周胜仙》，讲了一个死而复生的故事。

话说北宋年间，东京的青年男女范二郎和周胜仙萍水相逢，一见钟情。但是第一次见面后就没有再见，结果相思成灾，病了。周胜仙很想和范二郎去约会，而她父亲强烈反对，不准她嫁给范二郎，周胜仙一听不让自己去见，气昏了过去。这一气竟然再也没有醒过来。

她妈妈就骂她爸爸，你怎么这么毒？想必你舍不得三五千贯的嫁妆，故意把我女儿坏了性命。这周妈妈如何不生气，一个观音似的女儿，乖巧伶俐，针线活儿好，样样都好。这周爸爸虽然也生气，还是叫八个人抬来了一口棺材。真是不见棺材不流泪，这周妈妈一见棺材，泪水哗哗地涌出，跟个泪人似的。这周爸爸被周妈妈数落好几天，一赌气，把女儿所有的细软都搬到棺材里。

由于随葬品太丰富，引起了歹人的盗墓心思。这个歹人叫朱真，职业就是砌坟墓坑的，当时也参与了安葬周胜仙的工作。朱真回到家，很兴奋地对他娘说：我要发财了，我有好事了！他娘就问，你有什么好事。他就说，真是好笑，周胜仙死了，这周妈妈说是周大爷气死的。这老爷们就斗气，把三五千贯的嫁妆全安在棺材里。这种发财的好事，怎么不去？他娘一听吓坏了，说这事可干不得，说不定要被杀头，而且又遭报应。你忘了你爷那年盗墓的事情，二十年前，你爷去盗墓，揭开棺材盖，尸首觑着你爷笑起来。你爷吃了那一惊，归来后四五日便死了，孩儿，切不可去，可不是开玩笑的。这朱真口才真绝，他说，各人命运不同，我今年算了几次命，都说我该发财，你不要阻挡我。于是带着皮袋、斧头、一盏灯和一件蓑衣准备出门，他娘就问，你拿蓑衣干什么。他说半夜使得着。

当时是十一月中旬，雪下得正紧，出门时候他吩咐他娘，我一敲门，你便开门。

那时候正是二更，东京郊外，相当冷清，而那时雪下得正大，沸沸扬扬，大地粉妆玉砌。宋代我国北方的气候普遍较冷，所以下雪较多。

朱真一边走，一边掩盖自己的脚印。到了周胜仙的墓地，一只看坟的猛狗突然冲出，朱真迅速朝那狗扔去一个装了毒药的油糕，那狗闻香便吃，一会便挂了，倒在地上。看坟墓的两兄弟听到狗叫，出来看墓地，见没什么动静，就进屋睡了。

朱真很高兴，心想：不将辛苦意，难近世间财。于是就掏出刀子撬开墓地石板，把石板搬到一边说，小娘子莫怪，暂借你点富贵，是与你做功德。他把女孩的头上金银首饰全取下。冯梦龙接着写道：

> 只有女孩儿身上衣服，却难脱，那厮好会，去腰间解下手巾，去那女孩儿脖项上阁起，一头系在自脖项上，将那女孩儿衣服脱得赤条条地，小衣也不着。那厮可霎叵耐处，见那女孩儿白净身体，那厮淫心顿起，按捺不住，奸了女孩儿。你道好怪！只见女孩儿睁开眼，双手把朱真抱住。

真是万事不由人啊，这朱真吓得要命。赶紧撒手，结果甩也甩不脱。只听周胜仙叫：哥哥，你是谁？原来周胜仙一心挂着范二郎，“死不多日，今番得了阳和之气，一灵儿又醒将转来。”

这朱真很机智，他说：姐姐，我特来救你。女孩站了起来，见自己一丝不挂，又看到旁边是斧头，就知道是盗墓了。朱真想要杀了她 ，看着周胜仙美丽的样子，又舍不得杀掉。周胜仙就说，哥哥，你救我去樊楼酒店见范二郎，我会重重感谢。朱真心想，别人花钱找老婆，还找不到这样一个漂亮老婆，不如带走做老婆。于是他说，不要慌，我带你回家，让你见到范二郎。周胜仙说：

“若见得范二郎，我便随你去。”这姑娘真是单纯而又痴情啊。

朱真就把衣服给周胜仙，然后收拾金银，把灯吹灭。把坟墓用雪铺上，然后背着女孩，回到了家。朱真他娘大吃一惊，问他怎么把尸体背回来了。朱真说不要高声，把周胜仙放在自己的卧房里。朱真拿着一把明晃晃的刀，对着女孩说“你要依我一件事情，我就带你去见范二郎，你要是不依，我就砍你做两段。”周胜仙慌了说：“哥哥，你要我依什么事。”朱真说：“一不要做声，二不要出门。”

自从十一月二十日到第二年正月十五，朱真都没有让周胜仙出门，也没有让她见范二郎。而且周胜仙还要忍受朱真变态的性虐待。朱真如此做，一方面是想长期霸占美貌如花的周胜仙；另一方面也是害怕周胜仙暴露他的盗墓行径。后来，元宵夜朱真去城里看灯，邻家失火，周胜仙乘乱逃走。

周胜仙历尽千辛万苦见到了始终不露面的情郎范二郎，然而，范二郎却无情地把她认作游鬼。

这时候，周胜仙又进入了新一轮悲剧命运。且看冯梦龙如何写：

> 女孩儿移身直到柜边，叫道：“二郎万福！”范二郎不听得都休！听得叫，慌忙走下柜来，近前看时，吃了一惊，连声叫：“灭，灭！”女孩儿道：“二哥，我是人，你道是鬼？”范二郎如何肯信？一头叫：“灭，灭！”一只手扶着凳子，却恨凳子上有许多汤桶儿，慌忙用手提起一只汤桶儿来，觑着女子脸上手将过去。你道好巧！去那女孩儿太阳上打着。大叫一声，匹然倒地。慌杀酒保，连忙走过来看时，只见女孩儿倒在地下。性命如何？正是：小园昨夜东风恶，吹折江梅就地横。酒博士看那女孩儿时，血

浸着死了。范二郎口里兀自叫："灭，灭!"

周胜仙再次为情人死掉，这次还是情人亲手打死，可见命运的悲惨。后来当地官府把范二郎抓起来了，周胜仙还连续三个晚上与范二郎梦中相会。周胜仙告诉他，自己在阴间已经拜求五道将军，请帮助范二郎解难，又说自己命已该绝，期限已满，从此与官人永别。范二郎醒了，自觉伤感，记起梦中情形，似信非信。

再后来盗墓的朱真，由于那天晚上遗下一朵珠花，被他娘捡到，在市场上出卖做私房钱，原本以为不值多少钱，就没有告诉朱真，结果被周胜仙的父母认出是女儿的陪葬物。朱真当时在东京的娱乐场所瓦子里被官差带走。开封府尹包大人审问此案，朱真无法抵赖，一一招供。朱真盗墓按律处斩。

范二郎本来免死，但刺配牢城营。由于阴间的五道将军给主管量刑的薛孔目送了一个噩梦警告，最后范二郎无罪释放。这是周胜仙的功德，然而她却惨死于自己直叫“灭灭”的情郎手中。

后来，小说似乎给了一个圆满而似乎具有讽刺意味的结局，范二郎欢天喜地地回家了，并且娶妻。据说不忘周胜仙之情，常去五道将军神庙里祭奠烧纸，真是罪过啊。

周胜仙的多情明亮与朱真盗墓的狡诈阴暗以及范二郎的虚伪无情穿插整个故事中，尤其是周胜仙两次为情人而死，感人至深。周胜仙的纯情和善良令人敬佩，同时也感叹她的单纯。然而正是因为单纯而感动人，她那痴痴的纯情让人惊叹爱之伟大。当然，像朱真这样的盗墓人在当时社会的变态行为方式及其心理状态，是值得深思的。至少朱真似的机智，是多么司空见惯啊!

军阀盗墓最疯狂

军阀，在历史上声名狼藉。大多数军阀属于赳赳武夫，他们不像文人那么犹豫不决，果断在他们那里就成了凶狠残暴。从现有的历史记载来看，他们的行为基本上是比较疯狂的，将文明社会的种种规矩视为草芥，更不用说那些墓地了。和所有的盗墓者一样，他们不迷信鬼神，更不怕“死鬼”，他们只喜欢墓中“富鬼”。另一方面，他们为了称雄和占有更多财富，需要大量的金银财宝作为铺垫，而中国历史悠久，帝王将相的陵墓多如牛毛。况且，军阀拥有大量人手，他的军队就是盗墓的主力。所以对于古墓来说，最厉害的盗墓者就是军阀。

历史上军阀盗墓的事情见于各种正史典籍。比如唐朝末年的军阀温韬，其疯狂的盗墓为历史罕见，除高宗和武则天的乾陵“风雨不可发”之外，唐朝诸帝王陵墓被他“发之殆遍”。军阀孙殿英更是将东陵洗劫一空，甚至连慈禧身上穿的衣服都扒开，简直惨不忍睹。根据曾任清朝侍郎陈毅的《东陵纪事诗》记载，慈禧太后躺在破棺椁中，左手反出于背部，手指上长了一寸多长的白毛，没有毁伤，但是嘴唇裂开，并且张得大大的，是因为口中所含的夜明珠被拿出的缘故。后来孙殿英自己就说打开慈禧棺椁后，看到“西太后面貌如生，手指长白毛寸余”。当清朝遗老陈毅去看乾隆陵寝的时候，里面积水深达四尺多，用抽水机抽了五天后才能进入。而乾隆的下颚骨已经碎成两片，骨头发黑，股骨头和脊椎骨上还有皮肉，手指脚趾骨头散乱，找不到。腰部的肋骨也不全，左胫骨也没有了，号称“十全老人”的乾隆的尸骨也不全了。陈毅还发现乾隆遗体有异象，乾隆的两眼只剩下深眼眶，拿起灯远远一看，眼中竟然发出白光。当时参与东陵善后的大臣耆龄也看到了乾隆眼里发出白光的情况。乾隆的一个皇后，三个妃子的骨头，“十不存五六”，而且有一个头颅的后半部全碎了，仅存面部。陈毅感叹：“凡有血气，孰不感伤。”他写诗道：“人心已难言，地脉亦疑绝！”他怀疑东陵的风水坏了。

据孙殿英手下的一个连长的说法，当时将慈禧太后的棺盖揭开，只见霞光满棺。士兵手电筒的光亮居然被珠宝的光芒夺目。“俯视棺中，慈禧太后面貌如生，手指长白毛寸余。”士兵们大叫，“速以枪杆横置棺上，防僵尸起而伤人。”但是慈禧没有伸出她的长指甲。士兵首先将棺材内四角的四个金玉西瓜拿出并切开，瓜子已经是黑色，霞光从西瓜切开处发出。慈禧太后口含一大珠宝，放出白光。玉枕也发出绿光。棺中珠宝堆积无数，大的官长取去，小的士兵都塞在自己衣袋中。“众意犹未足，复移动慈禧太后尸体，左右转侧，悉取布满棺底之珠宝以去。于是，司令官下令，卸去龙袍，将贴身珠宝，搜索一空。”司令官还说：“不必伤其尸体。”最后所有的宝贝由孙殿英分配。（以上出自刘禺生《世载堂杂忆》，中华书局，1960 年）

据《孙殿英投敌经过》记载，孙殿英回忆说：“乾隆的墓修得堂皇极了，棺材里的尸体已经化了，只留下头发和辫子。陪葬的宝物不少，最宝贵的是颈项上的一串朝珠，有 108 颗，听说是代表十八罗汉，都是无价之宝。……还有一柄九龙宝剑，有九条金龙嵌在剑面上，剑柄上嵌了宝石。……慈禧太后的墓崩开后，墓室不及乾隆的大，但陪葬的宝物却多得记不清楚。慈禧从头到脚，一身穿挂都是宝石，量一量大约有五升之多。慈禧的枕头是一只翡翠西瓜，我托戴笠赠给宋子文院长了。她口里含的一颗夜明珠，分开是两块，合拢是一个圆球，分开透明无光，合拢则透出一道绿色的寒光，夜间在百步之内可照见头发。听说这个宝贝可使尸体不化，难怪慈禧的棺材劈开后，老佛爷好像在睡觉一样，只是见了风，脸上才发了黑，衣服也有些上不得手。”（以上出自文强《孙殿英投敌经过》，载《文史资料选辑》第64辑，中华书局，1979年）

孙殿英自己说，他挖慈禧太后陵寝是革死人的命。他解释说，满清杀我祖宗三代，不得不革命。孙中山先生以同盟会革了满清的命；冯玉祥用枪杆子从紫禁城赶走了末代皇帝溥仪。我孙殿英枪杆子没得几条，只有革死人的命。

后来国民政府宣布要查办孙殿英，但最后此案不了了之。

火眼金睛鉴古籍

古籍的版本有很多种，按照各种标准来分类，名字多多。

按照刻书的时间来分，可以分为：唐卷子本、五代刻本、宋刻本、辽刻本、金刻本、元刻本、明刻本、清刻本、民国刻本。自然，离我们越远越宝贵。

按照刻书的机构来分，可以分为：官刻本、坊刻本、家刻本。其中，官刻本又分得很细：国子监本（监本）、兴文署本、经厂本、武英殿本（殿本）、内府本、府学本、州学本、县学本、藩府本、官书局本、书院本等。

按雕版印刷情况来分，可以分为：精刻本、写刻本、单刻本、丛书本、道藏本、祖本、原刻本、翻刻本、影刻本、初印本、后印本、递修本、百衲本、旧版、通行本、邋遢本、书帕本。

按刻书的地区分，可以分为：浙本、闽本、蜀本、高丽本、越南本、东洋本等。

其他还有很多分法，不一一列举了。

看人相面，同样看书也得“相面”。我们拿到一本古籍，开门见山，首先看到的是封面，不能立马就翻过去了，如果要进行古籍鉴定的话，得花点时间，仔细瞧瞧这宝贝儿长得什么模样。

唐卷子本是“人间哪得几回闻”，而宋刻本亦为珍贵，一般是

“真人不露相”，所以能看到“犹抱琵琶半遮面”的明清刻本，就算有福了。

有些刻本，从书名可知写作、刻版年代。如称《大唐西域记》《圣宋文选》《皇元风雅》《大明一统志》《皇清经解》《国朝汉学师承记》《国朝宋学渊源记》（两书为清代江藩著），这些都是当代人写的当代书。如果后面的朝代要重刻，一般要在书名加上“重刻”，或者把书名中的“皇”字去掉，因为新朝有新“皇”。还有一个特殊情况就是“国朝”，每个朝代都称自己的朝代为国朝，所以光从“国朝”上，你还不好判断这书到底是哪个朝代写的或刻的。比如元朝人撰有《国朝名臣事略》，清朝人李元度也撰有《国朝先正事略》。

一般封面除书名外，还有作者、年代、刻书人或刻书机构。如清刻本《李义山诗》封面：“雍正八年携，华亭赵润川解，金陵刘晰公梓。”再如清刻本《御览西湖志纂》，封面：“乾隆乙亥，刊刻进呈，赐经堂藏板。”

但是有例外，有些原版书易主后，可能改头换面。这样的话，可能因为它换了一个“马甲”，我们就不认识它的庐山真面目了。但是哪怕它会七十二变，但终究到底还是孙悟空。有的只是换装，里面还是原书；有的只是重印，根本还是老版。如明末大藏书家毛晋的汲古阁版藏书，毛晋身故之后，转卖他人，难免他人要“动手动脚”。汲古阁版的《十七史》归江南席家之后，席氏即将卷首的所题“毛氏汲古阁印”诸字挖去，补刻“洞庭席氏”。拿到这样的书，如果不了解其中道道，就不知道是大名鼎鼎的汲古阁本。重印就是拿着原刻本，依样画葫芦，丝毫不改变，并且仿真度极高。这样的话，拿到翻印本，还以为是原刻本。怎么办？就要去看书里面序跋的年代。当然，如果刻意作伪，乔装打扮，也是不容易鉴定的，需得有多年修炼的高手的“火眼金睛”，才能看清是人还是妖。孙悟空的火眼金睛也是通过太上老君的高温炉炼成的，不但自己耐热，而且旁边还有好几个童子在煽火。所以，需要自身有深厚的文化条件和能接触到更多的古籍。只有曾经沧海，才能难为水。

在书的卷尾或序后有牌记，也叫书牌子，类似现在版权页上的出版社的名字。如明正德本《文献通考》卷三四八末，刻有：“皇明正德己卯岁暮独斋刊行”双行牌记。明嘉靖本《初学记》序末，刻有：

> 光禄大夫行右散骑常侍集贤院学士副知院事东海郡开国公徐坚等，奉敕撰纂《初学记》一书，近将监本，是正讹谬，重写雕镂，校勘精细，并无荒错。买书君子，幸希评鉴。嘉靖丁酉岁冬书林宗文堂刊行。

这就介绍得非常详细了，鉴定起来就轻松多了。

古籍版本鉴定，看序跋也很重要。序在前，跋在后，一般是交代写作缘由、内容、经过。有作者自撰，但大多是作者之师友或者名家所撰。序跋后面往往注明年代，并且序跋一般距刻印时间不远，因而可以从最近的序跋来判断刻印时间。当然有些序跋的年代可能被挖改，如果不注意，就很容易被蒙住。所以，仅凭序跋来定年代，还得小心谨慎。这个时候，还得看看纸张，看看字体在细微之处有什么异样或不同。这工夫不亚于绣花的活儿。另外，读读序跋也会增长古籍鉴赏的知识。如国家图书馆藏宋本《友林乙稿》前扉，有袁世凯的儿子、收藏家袁克文的跋；再如著名学者、收藏家黄裳喜欢在自己珍爱的刻本上题跋语。题语的后面，通常盖一些藏书印，如浙江南浔刘氏的嘉业堂、宁波范氏的天一阁、江苏常熟瞿氏铁琴铜剑楼、杭州丁氏八千卷楼、山东聊城杨氏海源阁，他们的藏书通常盖有“楼、阁、堂、轩”印。有的还盖上藏书家的名字号印。当然，这些印也可以作伪的，自然刻假印章印在书上，欺骗初出茅庐的藏书者，也是为了牟取暴利。

从书里的避讳情况，也可以判断一本书的刻书朝代。大家知道，中国古代的一个重要传统，就是为尊者讳，尤其为避皇帝的名字讳，具体怎么个避法呢？就是当朝人在名字、文章、书籍里，不能出现当朝皇帝的名字。也就是说，凡是用当朝皇帝的名字，或者空缺，或用缺笔，或者改作他字。比如唐太宗李世民的“世民”，宋仁宗赵祯的“祯”，明成祖朱棣的“棣”，康熙帝的“玄烨”，乾隆帝的“弘历”，皆为作者或刻书所回避。所以，大抵从书里的避讳，可以推断这书是哪一朝哪个时期的。但是现代人谁知道那么多的避讳，不要紧，著名历史学家陈垣先生的《史讳举例》助君一臂之力。

此外，纸张在古籍版本鉴定中，也有重要的作用。古籍一般使用以下几种纸张：

开化纸，出自浙江开化，故有此名。洁白细腻，薄而韧柔，纸面均匀无帘纹。开化纸在康、雍、乾三朝产量最高，质量最好，多作贡品。清代武英殿本图书多以开化纸印刷书籍，清代内府刻本及扬州书局刻书也多用，如雍正皇帝的朱批谕旨用的就是开化纸。嘉庆、道光后使用较少，家刻本中偶有采用。

珊瑚色开化纸，纵 33.5 厘米，横 26 厘米。珊瑚色开化纸是在开化纸上，涂以珊瑚红色的药粉，鲜艳夺目，且不变色褪彩。用作书籍、册页的扉页，可防虫蠹，古时南方各省多用此法。此种纸与广东佛山产“万年纸”相似。

宣纸，因产于安徽宣城而得名，“轻似蝉翼白如雪，抖似细绸不闻声”的诗句，描绘了宣纸之美。宣纸有易于保存，经久不脆，不会褪色的特点，因而有“纸中王，千年纸”的美称。唐人张彦远《历代名画记》说：“好事家宜置宣纸百幅，用法蜡之，以备摹写。”可见当时用宣纸的不少。据《旧唐书》记载，天宝二载（743），在各地所进贡的纸张中，尤以宣纸最美。宣纸又分多种，有生宣、熟宣、半熟宣。

此外不同的宣纸有各自适宜的用途：料半纸，薄而质细，色洁白，绵软有弹性，可以作绘画印书，晚清、民国有些书用之。玉版纸，能吸水，晚清、民国印金石、书画册等多用此纸。棉连纸，摹拓铜器、碑刻及印书画用。

麻纸，有白、黄两种。白麻纸洁白如雪，正面光滑，背面较粗，有草棍黏附。纸张细薄，质地坚韧；纸纹均宽，约一指半。宋刻本多用白麻纸。黄麻纸稍粗，比白麻纸略厚，纸纹稍窄，约一指宽。元后期多用黄麻纸，明初亦用。

绵纸，又名皮纸，有黑、白两种。白绵质地细柔，纤维多，韧性强；黑棉纸颜色黄黑，韧性稍差。明前期多用，嘉靖前较细薄，隆庆、万历后稍粗厚。清初仅见少数印本。

罗纹纸，白色，有横纹，质地柔软，如同丝织罗绸，故名。宋朝即已能造此纸，但宋刻本罕有用此纸者。

连史纸，洁白纯净，正面光滑，背面略粗，但无草棍纸屑黏附，纸料较细。乾隆后多用。

太史连纸，稍黄，质地细洁而有韧性，乾隆后与毛边纸为两种最常使用的印书纸。

毛边纸，米黄色，正面光滑，背面稍粗，质脆，乾隆后用得较多。

竹纸，微黄而脆，宋元明初，间有使用，嘉靖后颇为普遍。

最后，既然是古籍鉴定，古籍的内容自然不可忽视，因为古籍承载着特定时代的文化和观念，不但有助于判断刻本年代，也可以丰富古籍鉴定的背景知识。更重要的是在潜移默化中获得传统文化的营养和精华，传承优秀的中华文明。

第四部分 才子佳人

“诗仙”李白的风流生涯

“诗仙”李白一生风流倜傥，潇洒红尘，游遍大江南北，同时也品味各地风情。

他说，自己这样的人“安能摧眉折腰事权贵，使我不得开心颜”，于是游荡不羁，并用他生花的妙笔记载了他的旅行。

李白很赞赏东晋的谢安在东山隐居的故事，他说：

安石东山三十春，傲然携妓出风尘。
楼中见我金陵子，何似阳台云雨人。

又说：

我今携谢妓，长啸绝人群。欲报东山客，开关扫白云。

这话的意思是要学习谢安，其气概之磅礴、为人之豪放，于此可见一斑。

李白来到金陵（今江苏南京），在《对酒》中对吴姬进行了细致的描写：

葡萄酒，金笸箩，吴姬十五细马驮。

青黛画眉红锦靴，道字不正娇唱歌。
玳瑁筵中怀里醉，芙蓉帐底奈君何。

15岁的江南姑娘，青黛眼影，画眉，脚穿红锦靴子，唱着吐字不准但是十分娇嫩动听的吴侬软语歌……

当李白在金陵送别朋友的时候，劝酒的吴姬让他觉得美好，他在《金陵酒肆留别》里说：

风吹柳花满店香，吴姬压酒劝客尝。

俗语说："上有天堂，下有苏杭。"极言苏州、杭州之美，李白走过路过，自然不会错过。他在《越女词》里说：

吴儿多白皙，好为荡舟剧。卖眼掷春心，折花调行客。

李白曾到河北邯郸学剑，曾欣赏"魏姝"跳舞唱歌。他在《邯郸南亭观妓》说：

歌鼓燕赵儿，魏姝弄鸣丝。粉色艳日彩，舞袖拂花枝。把酒顾美人，请歌邯郸词。

后来，李白途经山东泰山一带，曾经手杀四五名武林高手。李白这段侠客生活也不缺少浪漫色彩，他不经意间看到一个东窗下的"鲁女"，光彩照人，让他惊艳不已，写诗赞道：

鲁女东窗下，海榴世所稀。珊瑚映绿水，未足比光辉。

李白虽然不想当官，但是他抵挡不了长安的魅力。他在长安生活了比较长的一段时间，曾在翰林院为唐明皇写诗。杜甫说李白喝醉了就在长安酒家眠，有时候天子叫他也不去。

李白送朋友裴十八南归嵩山，他觉得最好是去长安青绮门喝饯别酒，因为那里的胡姬不但漂亮，而且热情。他说：

何处可为别？长安青绮门。胡姬招素手，延客醉金樽。

李白很善于欣赏美，从他的诗中，可以看出对美人的相思。他说：

长相思，在长安，络纬秋啼金井阑，微霜凄凄簟色寒。
孤灯不明思欲绝，卷帷望月空长叹，美人如花隔云端。

如此长叹，如此思念，尚觉不够，他细细回味：

美人在时花满堂，美人去后空余床。
床中绣被卷不寝，至今三载犹闻香。

思念中带着伤感，三载流年，香气依旧，只是物是人非事事休，唯有那香味难以忘却。

李白就这么一路走来，一路写过，留下了美艳清香的诗句，留下了回味无穷的思念。

后来，李白回想自己的醉酒人生，觉得自己的荒唐，感到对不起自己的妻子，因而在写给妻子的诗歌里表达了深深的歉意：

三百六十日，日日醉如泥。虽为李白妇，何异太常妻！

读了这首诗，李白的妻子也许会被感动了：看来李白还是很在乎我的。

当然，李白不是孤军奋战，他不是一个人在战斗。在他的前后左右都有一大帮哥们。

“诗圣”杜甫“暂醉佳人锦瑟旁”和白居易的“艳动舞裙浑似火”，一点也不比李白逊色。

晚唐与李商隐齐名的杜牧更是青出于蓝而胜于蓝，比李白、杜甫、白居易有过之而无不及。杜牧自己说：

落拓江湖载酒行，楚腰纤细掌中轻。
十年一觉扬州梦，赢得青楼薄幸名。

杜牧来到扬州时，任淮南节度使牛僧孺的属官，当时30岁左右，“美容姿，好歌舞，风情颇张，不能自遏”，流连于扬州的青楼。牛僧孺担心他的安全，派小卒暗中保护他。在两年时间里牛僧孺收到了一百多份关于杜牧的安全报告，报告说：“某夜，杜大人在某家，平安！”

杜牧写美人的诗歌写得很细腻，竟然写到了袜子。他在《咏袜》中说：

钿尺裁量减四分，纤纤玉笋裹轻云。
五陵年少欺她醉，笑把花前出画裙。

杜牧怜香惜玉，他伤心难过，也会沉痛，更会悲哀。

他在代吴兴一个女子写给一个姓薛的官员的诗中，表达了她的悲伤心境和对流年的珍惜：

雾冷侵红粉，春阴扑翠钿。自悲临晓镜，谁与惜流年？
柳暗霏微雨，花愁黯淡天。金钗有几支?，抽当酒家钱。

当杜牧听说一个熟悉的青楼女子死了，当即写了一首感伤的诗歌：

玉箫声断没流年，满目春愁陇树烟。
艳质已随云雨散，凤楼空锁月明天。

唐代潮女的裙子、靓妆、唇膏及发型

化妆打扮，要从男子说起。

魏晋时代的士族男子，常有涂脂抹粉的，也是“魏晋风度”之一种。当然这种情况不是很普遍，但魏晋时人讲究容貌却是不争的事实。

玄学家何晏面容白如凝脂，魏文帝曹丕觉得自己已经够白的，不太相信何晏肌肤如此之白，疑是敷脂粉所致，命进热汤面一碗立食，吃得何晏满头大汗，未见有脂粉褪下，何晏反而因热脸微红，更显其面色皎洁如雪，文帝始信以为真。

潘安极美，从洛阳街上走过，妇女们争相把心仪的礼物、好吃的东西投进潘安的行篮里，抵洛水郊游，少女们手牵手萦绕着潘安；左思绝丑，亦东施效颦，学潘安走在洛阳郊外，结果得到妇女们一篮子石头和一身口水；卫玠是东晋的美男子，人们听说他从建康（今南京）来到豫章（今南昌），为一睹佳容，万人空巷，由于看的人太多，卫玠应接不暇，劳累过度，没几天就死了，成语“看杀卫玠”由来如此。

唐代妇女流行穿襦衫。襦衫也叫罗衫、罗襦，有窄袖和宽袖之分。唐初皇帝提倡节俭，穿窄袖的比较多。中唐以后，流行宽袖。襦衫上面绣有精美的花纹，缀着鲜艳流丝。红色为主，其次是紫色、绿色。白居易眼里的“红楼富家女”是“金缕刺罗襦”。王建也说："罗衫叶叶绣重重，金凤银鹅各一丛。"王建看到的襦衫，类似于今天女士的折叠花裙，只是简洁点罢了，这样的服饰穿在身上，不美才怪呢。

唐朝妇女最引人注目的就是"露胸"的大袖子襦衫，为当时贵族或者宫廷女子的休闲服。下穿长裙，用宽带束腰，胸部以上至肩部基本露出。这种露胸服受到胡服的影响，唐朝人胡风较盛，唐玄宗"天宝初，贵族及士民好为胡服"。这种露胸装看上去很美，远远看去好像鹅毛大雪飘落在胸部；"长留白雪占胸前"和"粉胸半掩疑暗雪"的诗句和画家周昉的《簪花仕女图》，充分展示了唐代女性的肌肤如雪和自信开放的不凡气质。

当时还有一种比较正式的连衣红色长裙也是露出胸部，长安丽人在春游时穿这种裙子。杨贵妃可谓开元天宝之际引领潮流的时尚人物，她喜欢穿用郁金香染过的黄裙子，走起路来，香气扑鼻，怡人心肺，难怪唐玄宗对她情有独钟。杨贵妃的黄裙装从宫中传出，仕女们争相效仿，春游之际，长安水边多丽人。一时长安街头黄裙美女多如牛毛。

宫女和歌舞伎还喜欢穿一种襕裙，也就是"抹胸"。在隋朝即有穿此裙的舞女，才华不错的隋炀帝杨广就写道："锦袖淮南舞，宝袜楚宫腰。""初唐四杰"之一的卢照邻也说："倡家宝袜蛟龙被。"这里的"宝袜"不是袜子，而是抹胸。

唐朝普通妇女的服饰则相对简单些，主要是用麻和葛做的粗布裙子，颜色和样式都是适应民间的环境和习俗。当然，在一些中下层地主家庭的妇女，还是尽量追赶长安的服饰潮流。

唐朝的靓妆种类甚多，主要介绍以下几种。

红妆主要是先施粉底，再涂胭脂。浓妆淡抹总相宜，红妆有浓浅之分，浓妆叫酒晕妆，浅妆叫桃花妆（晚妆叫飞霞妆或者晚霞妆）。杨贵妃常施红妆，但她夏天怕热，只着轻绡，丫环们奋力舞扇鼓风，还是不能解热，“每有汗出，红腻而多香，或拭之于巾帕之上，其色如桃红也。”长安坊间贵妇少女，听说贵妃爱红妆，即纷纷施红妆，也希望出点香汗。唐代诗人王建，有诗说此：射生宫女宿红妆……舞来汗湿罗衣彻，楼上人扶下玉梯。归到院中重洗面，金花盆里泼红泥。

黄妆就是以黄粉敷面，这黄粉又叫鸦黄。“学画鸦黄半未成。”又有“片片行云着蝉鬓，纤纤初月上鸦黄”。黄妆多流行于宫廷中。一般民间也不大敢来个黄妆，如果没有细皮嫩肉的气质，反而会收到东施效颦的奇效，丑上加丑，更加难看。

俗话说：眉目传情。李白说：眉语两目笑。所以唐朝妇女对眉妆丝毫不敢马虎。用黛青画出的叫黛眉，“髻鬟狼藉黛眉长”。此女子的发型是扫闹髻，类似现在的爆炸式发型。

这里的眉妆是墨黛。墨黛类似于今天的眼影、眉粉、睫毛膏之类的东西，青色的是黛青，绿色的是黛绿。

初唐宫女的浓长眉叫广眉，“宫中好广眉”。细而淡的长眉叫蛾眉或柳眉、远山黛、小山眉。张祜说虢国夫人“却嫌脂粉污颜色，淡扫蛾眉朝至尊”。这位夫人可以说是另类，但另一方面也说明她的天生丽质，所以才那么自信地去见皇帝。温庭筠有描写妇女迟起画蛾眉的词“懒起画蛾眉，弄妆梳洗迟”，说的就是这广眉。画眉在唐朝非常普遍，不仅是宫廷贵族妇女，歌姬尼姑也最擅长此道。长安平康里是歌姬云集的地方，她们画眉一天一个样子，据说有“眉癖”。范阳（今北京）尼姑善于画眉，纤细美妙，人称“浅文殊眉”。

花钿就是贴在两眉中间的一些花样。用金银、珠翠、云母、羽毛等剪成花形贴在眉中。相传，南朝宋武帝的女儿寿阳公主，玩累了，睡在宫殿屋檐之下，碰巧一朵梅花落在她的眉心，更增添了公主的睡态可爱。宫里人把公主叫醒，发现梅花没有从眉心掉下，反而更显公主妩媚可爱。于是这种“梅花妆或者寿阳妆”一时传为美谈，妇女们纷纷仿效。也有说花钿是武则天时期的上官婉儿所创，用来掩盖她脸上的伤痕。杨贵妃被吊死后，“花钿委地无人收”。

靥妆是妇女在脸颊两边用红色、黄色点出类似星、月形状的一种化妆样式，以增加彩晕，使脸色更加娇艳。原本是宫女表示月喜来临而在脸上酒窝处点上两个红点，民间妇女觉得这看上去很美，于是也跟着点。

也有说是三国吴国君主孙权的爱姬邓夫人面颊撞伤出血，太医用獭髓、宝玉、琥珀制成膏药敷上，伤愈留下了一个小圆红块。孙权看后，觉得夫人更加艳丽照人。唐人对于这种靥妆的描写甚多，兹举几例。“醉圆双媚靥”、“浅笑含双靥”、“绣衣遮笑靥”、“浓蛾淡靥不胜情”。通过这些诗句可以想象一下，唐朝女子白嫩的面颊上点缀着两点红色的靥妆，很让诗人们怦然心动。

斜红就是在眼眉尾部、太阳穴两旁描红，多描成弯月形，更显女性楚楚动人。据传，三国时魏文帝的宫女薛夜来不小心撞在水晶屏风上，在眼眉尾部留下一道弯月形的血痕。一向怜香惜玉的魏文帝曹丕见了，怜爱无比。宫女闻风，纷纷画上血红，以获得皇帝的宠爱。唐人也流行斜红，“斜红不晕赭面状”、“一抹浓红伴脸斜”说的都是斜红。

淡妆虽淡，但最好是有优越的先天条件，有出水芙蓉之纯，有闭月羞花之貌，有沉鱼落雁之容。杨贵妃姐妹的淡妆，原因在于她们能够“回眸一笑百媚生，六宫粉黛无颜色”，她们有别人没有的“天生丽质难自弃，梨花一枝春带雨”。这样的美女，诚如张祜所言：“却嫌脂粉污颜色，淡扫蛾眉朝至尊。”

《教坊记》的两则故事显示了帝国化妆技术的高超。歌舞伎庞三娘，年老色衰。某日，州府举行歌舞酒会，邀请庞三娘出场。

官差来到庞三娘家。当时庞三娘已经卸妆，皱纹满面。官差气势汹汹地问："恶婆，庞三娘在吗?"庞三娘急中生智，说："三娘出去了，明日再见吧。"第二天，官差来请，此时的庞三娘已经化妆，容光艳丽，身材苗条。官差目瞪口呆，惊为天仙，完全认不出眼前的美女就是昨天的"恶婆"。又有歌舞两栖明星颜大娘，歌舞双佳，唯一的缺点就是"眼深脸重"。但颜大娘是化妆高手，美容之后，双眼"遂若横波"，勾人心魄，就连她的家人也看不出她化妆了，达到了自然无痕的境界。

唐朝盛世，皇帝在腊月，有赏赐妃嫔、大臣化妆品的传统，杜甫《腊日》有"口脂面药随恩泽"的诗句，刘禹锡《刘梦得集》里，有"谢赐面脂、口脂、红雪、紫雪"的表文，王建亦说：

黄金盒里盛红雪，重结香罗四出花。
一一旁边书敕字，中官送与大臣家。

唐代赐给臣子唇膏，主要是用来防止寒冬口唇冻裂。段成式《酉阳杂俎·忠志》："腊日赐北门学士口脂、蜡脂，盛以碧镂牙筒。"

口脂亦指胭脂或唇膏，韦庄《江城子》："朱唇未动，先觉口脂香。"

这里的"口脂香"，就是唇膏、口红，当时有红、紫、青等色。女子用唇膏，名正言顺。而实际上，当时男子也是名正言顺地涂唇膏的，可见其时讲究容貌风气之盛，而皇帝定例赏赐化妆品亦殊荣恩。宋元以降，男子面孔有些变化，容貌岸然，颇为严肃，在公开场合，性情内敛者渐多，展露个性者渐少；见独特之事，有不好意思的，有内心发笑的，有掩口而笑的。凡事都有例外，开朗活泼者亦大有人在，且不在少数。诚然，无论哪个时代，讲求容貌是自然而然的事情，爱美之心，人皆有之，不同在于关注度和审美观各异而已。

晚唐流行一种加了黑色颜料的受胡妆启发的暗红色唇膏，叫做乌膏。乌膏涂在唇上有很强悍的视觉冲击力，使得白色脸中一嘴暗红，这个样子令人过目难忘。你若是漫步在长安城，看到迎面走来的“黑嘴”女子，莫要以为人家想哭，然后怜香惜玉地递上手帕。

《新唐书·五行志》记载，宪宗元和末年的女子“不施朱粉，唯以乌膏注唇，状似悲啼者”。大诗人白居易对这种乌膏唇、八字眉、堆髻样、赭面状的“悲哭妆”观察得很仔细，他说：

时世妆，时世妆，出自城中传四方。
时世流行无远近，腮不施朱面无粉。
乌膏注唇唇似泥，双眉画作八字低。
妍媸黑白失本态，妆成尽似含悲啼。
园鬟无鬓堆髻样，斜红不晕赭面状。
昔闻被发伊川中，辛有见之知有戎。
元和妆梳君记取，髻堆面赭非华风。

末一句要诸君记住元和年间的时世妆，为什么呢？因为非华风。

自“安史之乱”后，士大夫夷夏观念复起，远不如天宝开元贞观之际那样心态豁然，太宗曾说了一句为后人津津乐道的话：“自古皆贵中华，贱夷狄，朕独爱之如一。”而玄宗亦信用边人安禄山，使之拥劲兵悍将，于是有“安史之乱”（755—763）。陈寅恪先生所说的“关陇军事贵族”，在此次事变中遭受沉重打击，东都洛阳、帝京长安很多家庭破碎，一片瓦砾。而玄宗奔蜀，与爱妃玉环死别，再也看不到一骑红尘妃子笑。“芙蓉帐里春宵短，从此君王不早朝”化成了“天长地久有时尽，此恨绵绵无绝期”。其间太子李亨在灵武即位，是为肃宗，遥尊玄宗为太上皇。事平，痛定思痛，回想起来，国家堕于禄山之手，而禄山本边人，士大夫遂起夷夏之防。而长安夷风依然，当然，社会风气的变化，并不是一时三刻就可以改变的。

况且总的来说，有唐一代，人心宽容开放，一般百姓不会考虑太多的形而上问题。只有像白居易这类敏感度和敏锐性极高的士人，才会隐隐担心。此种语重心长，在中国传统士人（在这里不使用“知识分子”这一名词，因为是近现代的概念，古代的士人在社会功能上不同于近现代的知识分子，他们各有千秋）并不鲜见。在白居易之前，有杜甫安得广厦千万间；在白居易之后，有宋之范仲淹先忧后乐。其忧心忡忡可贵，本承传统，不足为怪。后人以批评时尚者为迂腐，实不知此辈之用心良苦。可以肯定地说，这些士大夫在思考问题时，考虑到的还是大多数人。倘以私意揣测，未免有诬于古人。

唐末僖宗朝，“都倡家竞事妆唇，妇女以此分妍与否”（陶谷《清异录》）。当时的唇膏种类，有脂晕品、石榴娇、大红春、小红春、嫩吴香、半边娇、万金红、圣檀心、露珠儿、内家圆、天宫巧、洛儿殷、淡红心、腥腥晕、小朱龙、格双唐、眉花奴。这么多口红，光看名字就够诱人的。僖宗朝变乱不断，藩镇跋扈，黄巢起义。有唐末季，日薄西山，但透过这些轻松暖色而妍丽妩媚的唇膏里，丝毫看不出历史学家通常所感叹的沉重与凄凉。更为独特的是，“僖宗奔蜀”造就了一种新发型。

唐朝妇女的主要发型是髻，髻就是挽头发的样式，有高髻、低髻、拔丛髻、扫闹髻、同心髻、交心髻、百合髻、长乐髻、乐游髻、望仙髻、飞髻、凤髻、鸦髻、花髻、抛家髻、囚髻等几十种。

最流行的是高髻，能体现女子的曲线美，有单双高髻之分。拔丛髻就是头发垂在两眼前，今天女孩的“刘海”即类似于此。扫闹髻就好像头发被打扫过，蓬松无序，今天之“爆米花”型亦类似于此。鸦髻就是丫鬟打的发髻，白居易有诗“绣面谁家婢，鸦髻几岁奴”。花髻就是髻上插花，插什么花就叫什么髻。如桃花髻给人妩媚，牡丹髻给人富贵，珠花髻给人艳丽。

唐朝人头上插花的习俗很盛，男子也常插花，如王维诗“遍插茱萸少一人”。长安花市极盛，“一丛深色花，十户中人家”，可见花之贵。

唐朝人爱花是很有名的。小时候，一位老人给我讲过一个武则天爱花的故事。他说，女皇则天特爱花，尤其爱牡丹花，在东都洛阳广植牡丹花。但是大多数花开放在春天，夏天花渐少，秋天菊花黄，冬天梅花香，对于武则天这样爱花的人来说，不能不说是一件遗憾的事情。她想，要是百花开在冬天多好啊。于是她就让大臣祭告花神，请求冬天百花开。第二年冬天转眼就到了，依然除了梅花独自开外，其他的花树光秃秃的。正在花园赏玩的武则天杏眼怒睁，命令立即将园中所有花树斩草除根并传旨天下，凡是冬天不开之花，全部斩草除根。所有大臣、侍从、宫女都吓得趴在地上，大气也不敢出。武则天的话音刚落，园中百花突然齐放，争妍斗奇，姹紫嫣红，灿烂胜于春花。牡丹开出十多种颜色，桃花红艳，梨花雪白，油菜花金黄，杏花娇媚，……再也不是梅花独开。武则天大喜，大赦天下，并传旨天下百姓赏花，莫错过此百花竞放之美好。后来各地文武官员报告，本年冬季，百花突然盛开，民间赏花如流；恭维女皇神明恩德，天下同乐。

抛家髻就是以两鬓抱面，看起来很神秘、朦胧，是风行于唐末京城妇女的主流发型。僖宗朝，经常有藩帅镇将和起义首领攻入长安，黄巢“待到秋来九月八，我花开后百花杀”，当时诗人韦庄看到长安天街踏尽公卿骨，状况很似“满城尽带黄金甲”。魏晋以来的士族被藩镇猛将劲兵、起义者的大刀砍杀殆尽，关陇士族虽惨遭屠戮，但皇帝在宦官禁军的护卫下，能提前悄悄出宫。

有唐一代，僖宗算得上是个屡逃屡回的“逃亡专业户”。由于僖宗常常突然宣布逃亡，宫女们来不及准备，匆匆忙忙束好头发，拔腿就跑。带着这个发型一直逃到成都，成都妇女见到逃亡中皇室后妃宫女的发型，看上去很美，不觉其狼狈，反觉其美丽，大概是那种凌乱的妩媚，于是纷纷学习。由此可以看出来自帝都长安的超凡魅力了。匆忙不加修饰，亦是符合自然之美。历史上的“僖宗幸蜀”竟然创造出一种时尚发型，实在令人感叹唐朝妇女审美观念之极致、心态之从容；虽是唐季晚景，然气象犹存。夕阳无限好，只是近黄昏。

遗憾的是，唐末的妇女，从五代南唐后主李煜的爱妃窅娘莲步款款、轻舞纤足开始，遭遇一种新的时尚：缠足。美则美矣，但未免缠起来折磨人，无疑是一种扭曲的陋习，违背了自然之美。

晚唐美女薛涛

晚唐，成都浣花溪边。

一个女子莲步款款，一袭红衣随风飘逸。池塘里游戏的白鹭并没有被惊飞，反而欣赏着这惊艳的美丽。

这红衣是唐代妇女流行的襦衫。襦衫里面是抹胸，即宝袜。腰上束玉带，更显出小蛮腰来。

女子低眉浅吟道："前溪独立后溪行，鹭识朱衣自不惊。"

这女子便是晚唐名媛薛涛，是当时的著名诗人，也是名纸"薛涛笺"的发明人。与她诗酒唱和的名流先后有王建、白居易、元稹、刘禹锡、杜牧、韦皋、高崇文、武元衡、王播、李夷简、段文昌、杜元颖、李德裕等大诗人、大才子、大官员。

薛涛和元稹还有夫妻之约，她的"月高还上望夫楼"诗中望的夫就是元稹。

唐宪宗元和四年（809），薛涛和元稹初次相见。

薛涛下笔，即写出"磨润色先生之腹，濡藏锋都尉之头；引书媒而黯黯，入文亩以休休"这样极富才情的挑逗之句，再加上薛涛妩媚可人，元稹一见钟情，相见恨晚；薛涛也喜欢上了潇洒爽朗、才气横溢的元稹。

在写给薛涛的情诗中，元稹表达了对薛涛的喜爱和相思：

锦江滑腻蛾眉秀，幻出文君与薛涛。
言语巧偷鹦鹉舌，文章分得凤凰毛。

元稹把薛涛比作汉朝的与司马相如私奔的卓文君，而且赞美薛涛口齿伶俐，聪明可爱，文章更是美妙。这话让薛涛非常感动，有知音之想，只恨和元稹相见太迟……

元稹情诗的最后一句“别后相思隔烟水，菖蒲花发五云高”，更是让薛涛肝肠尽断，真情全付于元稹。

两人如漆似胶，云想衣裳花想容，名花倾国两相欢，今日欢笑复明日，从此春宵一刻值千金。

一番卿卿我我之后，山盟海誓，元稹约定将来迎娶薛涛。后来，元稹要离开成都。黯然销魂者，唯别而已。两人依依不舍，执手相看泪眼。

在元稹走后的十年里，薛涛一心一意地痴痴等待，相信元稹一定会来娶她，和她白头偕老。以至月高之夜，薛涛登上“望夫楼”，想念元稹。而元稹则十年之后，“我不认识你，我也不属于你”。

原来，元稹在越州遇上了名伎刘采春，早把可爱的薛涛抛在九霄云外了。

元稹在诗歌里用暧昧而又难以自控的语言描写刘采春：

新妆巧样画双蛾，谩裹常州透额罗。
正面偷匀光滑笏，缓行轻踏破纹波。
言辞雅措风流足，举止低回秀媚多。
更有恼人肠断处，选词能唱望夫歌。

“更有恼人肠断处”，也就是说，元稹一见刘采春之后，无法控制自己的喜欢。而刘采春更是一个现实主义者，她喜欢当下的男欢女爱，她不期待将来，也不相信承诺。她明白，人们对一个伎女许下的承诺能有多少可靠度呢?

刘采春的这种生活态度让元稹着迷，至少没有一定要娶她的心理压力和负担，他可以及时行乐，今朝有酒今朝醉。喜欢拈花惹草的男人通常抱有这种心理。

面对刘采春美丽的容颜，那个依旧在等待的薛涛的影子，在元稹的脑海里渐行渐远渐无影。

就这样，薛涛被元稹抛弃了。

当然，薛涛被抛弃的命运，在唐代并非个案。

据《开元天宝遗事》记载，长安名伎刘国容与进士郭昭述相爱，缠缠绵绵，春宵苦短。不久，郭昭述赴任天长县主簿。两人话别，依依不舍，刘国容更是泪水涟涟，但送君千里终须一别。然而刘国容还是舍不得，派仆人送信去追。

当时郭昭述已马到咸阳，仆人递上信，郭昭述见上面写着：

欢寝方浓，恨鸡声之断爱；
恩怜未洽，叹马足以无情。
使我劳心，因君减食。
再期后会，以结齐眉。

郭昭述不为所动，继续催马前行。

其实不是马无情，而是郭无情。

最后，刘国容也只得放弃这份“相敬如宾、举案齐眉”的天真奢望。

虽然唐代的名伎们不想“今年欢笑复明年，春风秋月等闲度”，试图寻找一个可以依靠的人，但最终摆脱不了被欺骗的命运。同时，随着年老色衰，花容不再，只得眼看那似水流年转眼过去；她们的晚景更加凄凉，更加落寞，也更加孤独。在欢乐场浸润久了，就越羡慕普通妇女虽清苦但幸福的家庭生活。

当时的一个叫徐月英的名伎说：

为失三从泣泪频，此身何用处人伦。
虽然日逐笙歌乐，长羡荆钗与布裙。

从现实来看，无论男女，家庭生活对每个人都很重要。虽然过日子平凡琐碎，但不是别的什么可以替代的。

笙歌热舞，终不是久待之处。正如《桃花扇》里所说："俺曾见金陵玉殿莺啼晓，秦淮水榭花开早，谁知道容易冰消！"

散场时，谁记得衰草枯杨，曾为歌舞场。

说什么脂正浓，粉正香，如何两鬓又成霜？

国色天香，千娇百媚，也会慢慢变老。

美人鱼玄机

一双笑靥才回面，
十万精兵尽倒戈。

化了靥妆的女子回眸一笑，十万精兵被无与伦比的美丽打动，立即倒戈。有点白居易在《长恨歌》里写杨贵妃的味道：“回眸一笑百媚生，六宫粉黛无颜色”。

这样的诗句，气势磅礴，可以略见唐朝美女的魅力。我们也许会以为这样气度不凡的诗句，出自哪位慷慨激昂的大诗人之手，或者出自气吞山河的帝王将相之口。事实恰恰相反，这句诗竟然是一位女子所写。

这个女子叫鱼玄机，人如其名，一生承载着太多的玄机。鱼玄机生活的时代，大唐帝国已经走向衰落。无谓的内耗和无休止的争权夺利，日益消解了帝国的霸气。中央集权的减弱和财政的分散，已使帝国没有了盛唐的气象。

男人们陷入“牛李党争”的旋涡里无法自拔，政府官员又和另一种有缺陷的男人之间角逐着，即所谓太监和朝官之间的“南衙北司之争”，但帝国的女人依然保持着某种雄风，或者说是“则天遗风”。她们的气魄和胆识不亚于帝国的男子，然而遗憾的是，晚唐的女性不可能再有武则天的辉煌。

鱼玄机出生在长安的教坊，不知其父母，她的身份是一个艺伎。从小生得美貌如花，聪明可爱，逗人喜欢。少女时代遇上了当时著名的诗人温庭筠。

温庭筠才华横溢，鱼玄机缠着他学写诗歌。在温庭筠的指点下，鱼玄机的诗歌才华得到进一步升华。

同时，鱼玄机在帝都的名气也越来越大，与她交往的名流大官越来越多。最后被六十多岁的老官僚李亿看中，纳她为妾。因为老牛啃嫩草的缘故，鱼玄机也脱离了在帝国最低贱的户口——倡籍。

美丽无比的鱼玄机来到李家以后，虽然得到了李亿的宠爱，但是却得到了李亿妻子的妒恨。唐朝女人妒忌心理比较强。《唐律》是允许纳妾的，也就是说，妾是有合法地位的。但是俗谚有“妻不如妾”，丈夫往往喜欢妾，所以很容易引起妻子妒忌。最要命的是，鱼玄机仍然没有改变那的“天真烂漫”的可爱性格。她在李家没有安心做妾，还是和文人雅士们来往，诗酒宴会不断。

每次宴会诗人，鱼玄机都精心打扮，光彩照人。弄得李亿老婆很生气，李亿自己看了也觉得不爽，心里不是滋味。虽然是老牛，但面子还是要牛的。见李亿脸色不好，李亿老婆便找个机会把鱼玄机赶走了。

走了之后怎么办？鱼玄机当然不能重操旧业，毕竟她已是当时名媛了。与名流大官的多年交往，相互赠送，也积累了一定的经济基础。但总得有个归宿，而且这个归宿最好适合她的诗酒生活方式。最后她选择当女道士。

对于失意的唐代女子来说，当道士是一个明智的选择。因为当道士依旧可以保持原来的生活方式，而且相对自由多了，也可以进退自如。盛唐就有这样的例子。杨玉环原来是唐玄宗儿子寿王的王妃，被公公看中，想“爬灰”。于是设法先让玉环进入道观当道士，道号太真。人们以为从前的杨王妃永远消失了，没有人再注意。没过多久，玄宗就急急忙忙派高力士把玉环从道观中接进宫，芙蓉帐里春宵短，从此君王不早朝，杨王妃也就摇身一变成了杨贵妃。

鱼玄机进入了咸宜女冠观，这个道观可不是一个一般的道观，而是类似于一个顶级的艺术沙龙或者社交场所。它原是睿宗天子在为王之时的府第。762 年，玄宗之女、肃宗之妹咸宜公主做道姑，入住这里，因而称为咸宜女冠观。观内收藏有大量珍贵字画，其中有“画圣”吴道子、解倩等著名画家的作品。当时长安仕女做道姑，基本首选该观。

鱼玄机进入此观之后，依旧不改其风情万种。虽为道姑，但风韵不减当年，反而因为重获自由的人生，而愈加光彩照人。

一时咸宜女冠观门庭若市，香车宝马，达官贵人、风流才俊，络绎不绝。

鱼玄机在无限精彩的吟诗作乐中，爱上了一位花样美男李近仁。几番甜言蜜语，缠缠绵绵；几度男欢女爱，巫山云雨。

鱼玄机对李近仁动了真情，她在《迎李近仁员外》中把心上人比作西晋的美男子潘岳：

今日喜时闻喜鹊，昨宵灯下拜灯花。
焚香出户迎潘岳，不羡牵牛织女家。

从这诗句里看出鱼玄机多么欢喜、多么陶醉。

当李近仁要离开道观之时，她又是多么不舍，多么惆怅。她在《送别》中说：

水柔逐器知难定，云出无心肯再归。

惆怅春风楚江暮，鸳鸯一只失君飞。

鱼玄机把自己和李近仁比作鸳鸯，但遗憾的是这只鸳鸯随时会飞。鱼玄机更没有想到这只公鸳鸯是一个花花公子。

有一次，李近仁来访，正好鱼玄机出门了，只有她的侍女绿翘在。这绿翘含苞待放，然而少女含情，羞涩亦佳。李近仁色迷心窍，于是百般勾引。侍女小小年纪，虽初解风情，但哪经得起情场风月高手李近仁的摆弄；再加上李近仁长相俊美，侍女见了怎能不动心。

唐朝女子的贞操观念没有宋朝以后那么严格，整个社会男女交往的风气也相当开放。此外，咸宜女冠观本身虽是道观性质，但却充满了世俗的男欢女爱。混乱的性关系已经不是什么见不得人的秘密，在帝京长安，大家都心照不宣。

真是无巧不成书，鱼玄机外出回来，正好撞见她那心爱的鸳鸯李近仁在她的绣床上和绿翘翻云覆雨，如鱼得水。

鱼玄机很生气，她动了真气，她真的愤怒了。女人天生的妒意让她妒火中烧。她奋力鞭打着侍女绿翘，直到奄奄一息才停下来，但是侍女已经死了。

鱼玄机怀疑侍女勾引自己的心上人，她似乎始终没有明白她的心上人，只不过是玩弄她的感情和肉体罢了。真爱会使女人专一，但男人通常会吃着碗里的看着锅里的，更何况是那么开放的唐朝。

隋唐社会还带有较为明显的鲜卑色彩。比如隋炀帝曾娶他父亲的妃子。武则天曾是太宗的才人，高宗娶之为妃。玉环为寿王妃，玄宗竟娶儿媳为妃。这还算比较正常的，很多不可思议的例子在这里就不枚举了。

鱼玄机被帝京的长官京兆尹温璋以杀人罪宣判了死刑，斩首在长安。这个时候的《唐律》对一个弱女子没有丝毫的通融。现实中即没有影视里武功高强的侠客来劫法场，也没有青天老爷来喊“刀下留人”，花样美男李近仁更无努力营救她的想法和行动，鱼玄机就在寂寞和痛苦中被斩首了。

鱼玄机死时年仅 26 岁，正是一个女人的黄金年华。她的希望和梦想化为泡影，帝国失去了一个才情绝佳的女子。那些和她唱和的男人们都集体沉默了，他们真的失语了！或许他们在忙着寻找新欢。而那些曾经与她有过亲密接触乃至肌肤之亲所谓的心上人，诸如李亿、李近仁之流竟然没有援手，他们销声匿迹，或许正在重演甜言蜜语的故事。鱼玄机短暂的人生，就在温柔一刀和犀利一砍下，做了个“杯具”。

哀哉，玄机！

才女李清照漂亮吗

李清照，山东济南人。生于1084年，逝于1155年。南宋杰出女文学家，婉约派代表词人，她才华横溢，是我国历史上罕见的才女。

如此才女，容貌如何，自然为人们所关注。

遗憾的是，《宋史·李清照传》并没有记载她的容貌。虽然现在留存了一张她31岁时候的画像，但是岁月已久，早已模糊不清了，看不出美丑来。

网上很多李清照的图像，看起来真是国色天香，与她的千古才情合起来，留给人们的印象是：沉鱼落雁之容，闭月羞花之貌。但是这些画像大多是粉丝们根据自己的想象设计的“唯美图”。

有人认为，《宋史·李清照传》没有记载她的容貌，由此可以推断出李清照容貌不怎么样，甚至就是个丑女。

显然，这种反推在这里不适用。因为《宋史》作为二十四史之一，是非常严肃的正史。一个女人的美丑，是不大可能记在像《宋史》这样的国家经典文件文字里。

这么说来，就很难判断李清照的长相如何。好在天无绝人之路。《宋史》记载了她父亲李格非的容貌。《宋史·李格非传》说李格非“俊警异甚”。

“俊”在古代有漂亮好看的意思，俊警就是英俊，这四个字意思就是长得特别英俊。

而李清照的母亲王氏也是出身名门望族，《宋史》说王氏“善文”，看来也是一位秀外慧中的大家闺秀。

从人类遗传学的角度来说，一对佳偶生出的孩子一般也佳。

就才华来说，李清照不仅继承了父母的才气，而且青出于蓝胜于蓝，自然李清照的容貌也遗传了父母的特质，甚至可能更美。

判断李清照的容貌另一个比较好的办法就是看李清照的词。她的词透露了容貌美丑的种种信息。品味这些信息，也许会收获许多惊人的秘密以及美的享受。从她的词里我们可以依稀看到李清照的倩影。

鲁迅先生说过：“眼睛是心灵的窗户。”

我们首先来看她的眼睛。

蝶恋花

暖日晴风初破冻，柳眼梅腮，已觉春心动。酒意诗情谁与共，泪融残粉花钿重。

乍试夹衫金缕缝，山枕斜欹，枕损钗头凤。独抱浓愁无好梦，夜阑犹翦灯花弄。

“柳眼梅腮，已觉春心动”，一看就是让人心动的美眼。

其次看脸。

渔家傲

雪里已知春信至，寒梅点缀琼枝腻，香脸半开娇旖旎，当庭际，玉人浴出新妆洗。

造化可能偏有意，故教明月玲珑地。共赏金尊沉绿蚁，莫辞醉，此花不与群花比。

“香脸半开娇旖旎，当庭际，玉人浴出新妆洗。”这一句有如清水出芙蓉，让人惊艳。

减字木兰花

卖花担上，买得一枝春欲放。泪染轻匀，犹带彤霞晓露痕。怕郎猜道，奴面不如花面好。云鬓斜簪，徒要教郎比并看。

“怕郎猜道，奴面不如花面好。云鬓斜簪，徒要教郎比并看。”这一句看出李清照对自己的美貌是多么自信，要和花儿比比谁美，让如意郎君都觉得她和花儿平分秋色。

再看她的“纤纤手”，还有她的羞涩可爱。

点绛唇

蹴罢秋千，起来慵整纤纤手。露浓花瘦，薄汗轻衣透。袜划金钗溜，和羞走。倚门回首，却把青梅嗅。

接着往下看她是不是美女。

丑奴儿

晚来一阵风兼雨，洗尽炎光。理罢笙簧，却对菱花淡淡妆。绛绡缕薄冰肌莹，雪腻酥香。笑语檀郎：今夜纱厨枕簟凉。

双银杏

风韵雍容未甚都，尊前甘橘可为奴。谁怜流落江湖上，玉骨冰肌未肯枯。谁教并蒂连枝摘，醉后明皇倚太真。居士擘开真有意，要吟风味两家新。

然后看看她的气质。

长寿乐

南昌生日，微寒应候。望日边六叶，阶蓂初秀。爱景欲挂扶桑，漏残银箭，杓回摇斗。庆高闳此际，掌上一颗明珠剖。有令容淑质，归逢佳偶。到如今，昼锦满堂贵胄。荣耀，文步紫禁，金章绿绶。更值棠棣连阴，虎符熊轼，夹河分守。况青云咫尺，朝暮入承明后。看彩衣争献，兰羞玉酎。祝千龄，借指松椿比寿。

最后，我们来欣赏欣赏她的整体姿态。

绣面芙蓉一笑开，斜飞宝鸭（发型）衬香腮。眼波才动被人猜。一面风情深有韵，半笺娇恨寄幽怀，月移花影约重来。

她的面如芙蓉花笑开，发型是斜斜飞来的“宝鸭”衬托着香腮，眼波才动，大家都在猜，这是谁家的美女啊？风情万种，妩媚动人。

如果此时此刻还没有为李清照的才情容貌所陶醉，那只可能是“审美疲劳”了。

当然，随着岁月的沧桑和人生的重重磨难，李清照由一个美丽动人的青春美少女慢慢变成一个忧郁愁闷的少妇。

丈夫赵明诚之死，不但是李清照命运的转折点，也是她容颜渐老的分水岭。

尽管她南渡江南后的作品光耀千古，但是“莫道不销魂，帘卷西风，人比黄花瘦”。

北宋王朝经过167年“清明上河图”般的繁华之后，1127年，来自北方游牧民族的金人攻破了汴京（今河南开封）的琼楼玉宇，掳走了徽、钦二帝及皇室后妃、朝廷官员三千余人，史称“靖康之变”。同年，赵宋王朝在即皇帝位的康王赵构的指挥下迁往江南。李清照也随丈夫赵明诚从山东漂泊到江南。

1129年，赵明诚急病而亡。此后她经历了人生的种种苦难。

她先是改嫁给一个叫张汝舟的人，此人科举作弊，贪图李清照身边丰富的文物，甚至对李清照实施家庭暴力。无奈之下，李清照向南宋皇帝举报并投诉了张汝舟。

她在给好友的信中说自己：“猥以桑榆之晚景，配兹驵侩之下材。”

这个“下材”就是张汝舟。也因此人的官司，李清照被南宋司法部门拘留九天。后来她流浪到衢州，而她寄存在洪州的两万卷书、两千卷金石拓片被金兵焚掠殆尽。

1130年，李清照来到越州后，她随身带的五大箱文物又被恶贼偷走。

南宋定都临安（今杭州）后，她的情况稍好，但是孤独愁闷总是伴随着她，此情无计可消除，才下眉头，却上心头。

清平乐

年年雪里，常插梅花醉，挪尽梅花无好意，赢得满衣清泪！今年海角天涯，萧萧两鬓生华。看取晚来风势，故应难看梅花。

武陵春

风住尘香花已尽，日晚倦梳头。物是人非事事休，欲语泪先流。闻说双溪春尚好，也拟泛轻舟。只恐双溪舴艋舟，载不动、许多愁。

一个曾经美貌无比的才女两鬓已生出白发，而且连头发也不梳了，怎一个愁字了得？

临江仙

庭院深深深几许，云窗雾阁常扃，柳梢梅萼渐分明，春归秣陵树，人老建康城。

感月吟风多少事，如今老去无成，谁怜憔悴更凋零，试灯无意思，踏雪没心情。

在这里，我们看到一个憔悴飘零、觉得什么都是“无意思，没心情”的才女李清照，怎能不感慨“红颜易老”！

从上面的词作里，我们看到容颜苍老无心打扮的“丑女”李清照。或许这个时候的李清照，正是美的极致，她的容颜可以老去，但她的名字注定不朽，她的才情必然永恒。

1155年，一代女词人李清照，离开了那个给她幸福又给她苦难的离乱时代。

明末第一美女柳如是

柳如是何许人也?

柳如是，生于明万历四十六年（1618），浙江嘉兴人。自称河东君、蘼芜君。她本来是姓杨的，叫杨爱，这个名字很别致。又名影怜、云娟，更引人遐思，后改姓换名为柳隐，再改名是，某日读辛弃疾《贺新郎》中有“我见青山多妩媚，料青山见我应如是”句，故自号如是。

幼年时候，柳如是被人贩子拐走，离开了父母。遭遇有点像《红楼梦》里被拐子拐走的甄士隐（真实隐）的女儿甄英莲（真应怜）。后来，柳如是被卖给名伎徐佛做养女，教她琴棋书画、诗词歌舞。目标很明确，继承养母的事业。

明末的社会风气比较艳。士大夫大多沉湎于酒色歌舞，自然刺激了娱乐产业的发展。

有文化有才情，再加上国色天香，柳如是成了“秦淮八艳”之首，与李香君、顾媚等齐名。

柳如是虽走上这样的工作岗位，但是并不爱岗敬业。她喜欢和有情有义的士人交往。江南义士宋徵舆、陈子龙先后与她谈过恋爱，尤其是和陈子龙情投意合。

但柳如是直到23岁才嫁与明末东林领袖钱谦益。23岁出嫁，现代来说是嫁得正好，在当时却算是“剩女”。过去一般十五六岁就出嫁，现代社会进步了，过了30才算“剩女”。

钱谦益，江苏常熟人，万历三十八年（1610）以第三名探花，成为进士。崇祯元年（1628）任礼部侍郎，后受大学士温体仁、周延儒排挤而革职。

钱谦益很牛，学问渊博得很，与吴伟业、龚鼎孳并称“江左三大家”。他提倡写文章诗赋要“情真情至”，看来也是性情中人。他的学生里面有很多牛人，如乾嘉考据学的开山鼻祖顾炎武、收复台湾的国姓爷郑成功、南明桂王政府的大学士瞿式耜、明末汲古阁藏书、刻书家（类似今天的出版家）毛晋。

崇祯十一年（1638），不施粉黛的柳如是与钱谦益萍水相逢，稍有感觉。是不是一见钟情，尚待考证。两年后，柳如是女扮男装，素颜玉质，再与钱谦益不期而遇。

钱谦益大喜，在居住地半野堂旁边，筑一别墅以待柳如是；并取《金刚经》中“如是我闻”之句，名为“我闻室”，在湖光山色中与柳如是诗酒唱和。柳如是感其深清，答应嫁给他。

年近花甲的钱谦益又当新郎，乐得合不拢嘴。崇祯十四年（1641），钱谦益迎娶柳如是。一时舆论哗然，且不说老牛吃嫩草，单是士大夫与名伎通婚，在法理上都通不过。

钱谦益在感情方面还是很勇敢、很前卫的，他甘冒天下之大不韪，可见对柳如是也是一片真情。两个人从相识、相知、相恋到相守，经过了长达三年的爱情马拉松长跑，终于走到了婚船上。

当妩媚可爱、风情万种、才华横溢的美丽新娘和花甲新郎的婚船走过来时，看热闹的人们，纷纷把石头和瓦片扔进了婚船表示抗议，有的可能是羡慕嫉妒恨，有的也可能是祝福。

甲申之变，被历史学家赞为明朝中后期皇帝上班最勤奋的崇祯皇帝，在景山自缢。这位兢兢业业的皇帝，留下了著名的遗言：“勿伤朕百姓！”

崇祯的悲剧，在明清之际的士大夫心理上投下了巨大的阴影，并产生家国之痛和天下兴亡的愧疚。

深明大义的柳如是，支持钱谦益出任南明福王弘光朝的礼部尚书。但福王不是宋高宗赵构，虽然赵构因杀害岳飞而被后世所诟病，但是却使大宋王朝得以延续一百多年。

很快，清军兵临城下，柳如是拉着钱谦益一块跳水殉国。

钱谦益沉思片刻，试了试水说："水太冷，不能下。"

柳如是"奋身欲沉池水中"，钱谦益舍不得，一把拉住。

从道义的角度来看，钱谦益此举，未免"无义"。倘是从实际来看，钱谦益这样做也有他的事理。俗话说，好死不如赖活着，留得青山在，不怕没柴烧。

钱谦益也有他的性情，用明季的话语来说，他有他的"心性"。况且，钱谦益拉住柳如是不去死，也不能说他"无情"。做人要厚道，说钱谦益"无义"还有那么点意思，但说他"无情"，就不太靠谱了。

但钱谦益毕竟不是不屈不降的史可法。在倾盆大雨中，钱谦益与诸臣打开南京城门向清军投降。据史惇《恸余杂记》：

> 豫王（指清军统帅多铎）下江南，下令剃头，众皆汹汹。钱牧斋（钱谦益的号）忽曰："头皮痒甚。"遽起。人犹谓其篦头也。须臾，刚髡（剃去头发）辫而入矣。

人家还以为他真的头痒，梳头发去了。这钱谦益贼聪明，几十年头发都不痒，现在突然头痒，不愧是聪明的探花郎。当然，在"留发不留头"血的惨烈教训之下，钱谦益的头发不痒也得痒。

时人有诗曰：

钱公出处好胸襟，山斗才名天下闻。
国破从新朝北阙，官高依旧老东林。

仕清后，钱谦益任过礼部侍郎，管秘书院，《明史》馆副总裁。后罢职回家闲居。

归居江南后的钱谦益，与柳如是从事秘密反清活动，投入到当时南明王朝的抗清事业中，也算是加入到了地下党中了。

钱谦益有一老朋友黄毓祺，明末闭户读书，长斋事佛。顺治二年（1645）黄毓祺固守江阴，八月城破，潜渡海上而走。明亡后，黄毓祺奔走各地，筹划义师抗清。顺治四年正月，组织船只千艘，起兵舟山海上，谋复常州。

钱谦益、柳如是秘密到海上犒师。前往崇明时，适逢飓风大作，船只大多被毁。顺治五年（1647）四月，黄毓祺被陈之龙擒于通州（今南通）之法宝寺，搜出印信、诗词，下海陵狱。

黄毓祺在狱中备受酷刑拷掠，狱吏问他："若欲何为？"

黄毓祺说："求一死耳！"

后被杀害。因为此案，钱谦益被逮捕入狱。

经柳如是四方奔走，钱谦益才得释放。

柳如是以一弱女子，把丈夫救出来，其人之才能，绝非一般。

钱谦益走出狱门，与前来接他回家的柳如是抱头痛哭。

钱谦益感动得大哭，作诗说：

恸哭临江无孝子，从行赴难有贤妻。

经此牢狱之灾，钱谦益深感还是老婆好。俗话说，夫妻本是同林鸟，大难临头各自飞。有情有义的柳如是用行动颠覆了这首诗，确实令人感动。

柳如是的才情极佳，清人称她的诗词“艳过六朝，情深班蔡”。班指班固的妹妹班婕妤，蔡指蔡文姬。如：

垂杨小宛绣帘东，莺花残枝蝶趁风。
最是西冷寒食路，桃花得气美人中。

又如《江城子·忆梦》：

梦中本是伤心路。芙蓉泪，樱桃语。满帘花片，都受人心误。遮莫今宵风雨话，要他来，来得么？

康熙三年（1664），钱谦益病故。柳如是不堪钱氏家族为家产之事与她纠缠不休，34天后，自缢身亡。一代名媛香消玉殒，年仅46岁。著有诗集《湖上草》、《戊寅草》传世。